UNE ÉTUDE DE
LES BELLES-SŒURS

Yves Jubinville

UNE ÉTUDE DE
LES BELLES-SŒURS

de Michel Tremblay

Collection dirigée par Lise Gauvin et Monique LaRue

Boréal

Les Éditions du Boréal remercient le Conseil des Arts du Canada, ainsi que le ministère du Patrimoine et la SODEC pour leur soutien financier.

Conception graphique : Devant le jardin de Bertuch.

Illustration de la couverture : Colville, A. : *Vers l'île du Prince-Édouard* (# 14954) Détail © MBAC.

Diffusion au Canada : Dimedia
Diffusion et distribution en Europe : Les Éditions du Seuil

Données de catalogage avant publication (Canada)
Jubinville, Yves, 1964-
    Les Belles-Sœurs : une étude
    (Classiques québécois expliqués ; 5)
    Comprend des réf. bibliogr.
    ISBN 2-89052-882-0
    1. Tremblay, Michel, 1942- . Belles-Sœurs. I. Titre. II. Collection.

PS8539.R47B43   1998   c842'.54   C97-941571-3
PS9539.R47B43   1998
PQ3919.2.T73B43   1998

ACCÈS À L'OEUVRE

Première partie

1	L'auteur
2	L'œuvre dans la littérature québécoise
3	Le contexte
4	La forme et le genre
5	Les seuils
6	À retenir

1942-1959   Né le 25 juin 1942, Michel Tremblay est un enfant du baby-boom. Fils d'une famille modeste, il a grandi dans un quartier populaire de Montréal. Son enfance entre le parc La Fontaine et le Plateau Mont-Royal a été celle de beaucoup de garçons et de filles qui incarnaient, à la fin de la guerre, les espoirs de prospérité et les rêves de changement d'une société. Mais l'enfance de Michel Tremblay, c'est aussi celle que son œuvre, plus tard, évoquera sur le double mode du réalisme et de l'onirisme. Ses figures tutélaires en sont évidemment sa mère et son père. Sa mère, née Rhéauna Rathier, arrive à Montréal dans les années vingt pour se marier. Elle était née à Providence dans le Rhode Island (États-Unis), mais c'est après une halte en Saskatchewan qu'elle entreprend le retour vers la patrie de ses ancêtres. Un tel parcours ne manque pas d'éveiller la curiosité dans la famille. Longtemps la mère sera l'objet d'histoires fabuleuses, dignes des meilleurs récits dont se gave alors Michel. *Petit, j'essayais d'imaginer,* écrit Tremblay en 1994, *ce qu'aurait été la vie de ma mère si elle était restée en Saskatchewan**. Logée à l'enseigne de la réalité, la vie du père n'exerce pas la même fascination et n'inspire pas les mêmes élans romanesques. Pressier de profession, Armand Tremblay n'apparaît donc pas d'emblée comme un personnage capital dans le récit de formation de l'écrivain. Et pourtant, son influence ne sera pas moins marquante. Sur le plan de l'œuvre, le rôle effacé du père explique peut-être pourquoi les hommes apparaîtront en

---

* Michel Tremblay, *Un ange cornu avec des ailes de tôle*, p. 15.

creux dans *Les Belles-Sœurs* ou, comme l'a écrit Laurent Mailhot, *en tant qu'absence, manque et déception**. Du point de vue biographique, comment ne pas voir que le métier du père n'est pas étranger à la décision du jeune Tremblay de s'inscrire en 1960 à l'Institut des arts graphiques ? C'est là, après avoir complété ses études secondaires — et n'ayant pas fait le cours classique qui était la voie royale pour qui voulait embrasser la carrière d'écrivain — que le futur écrivain apprendra le métier de linotypiste.

1960-1965   Dès cette période, l'apprenti ouvrier fait ses classes littéraires. Il noircit ses premières pages pendant qu'il travaille, d'abord comme livreur chez Ty-Coq BBQ, puis comme typographe à l'Imprimerie judiciaire de Montréal (1963-1966). Son tout premier texte (non publié) est un roman intitulé *Les loups se mangent entre eux,* qu'il n'est pas interdit de voir, par le titre, comme une sorte de brouillon des *Belles-Sœurs*. Vient ensuite le premier texte dramatique, *Le Train,* que Tremblay a commencé à rédiger en 1959 et qui lui vaut le premier prix du Concours des jeunes auteurs de Radio-Canada en 1964. C'est le baptême, pourrait-on dire, de Tremblay au théâtre. Car cette même année il rencontre André Brassard, qui sera le complice, l'ami et l'accoucheur scénique de son œuvre. Cette rencontre sera capitale, nécessaire même pour mener à bien l'écriture des *Belles-Sœurs*. Brassard fournit alors le cadre du Mouvement Contemporain, une troupe qu'il dirige, où l'écriture de Tremblay apprendra peu à peu à s'accorder aux exigences de la scène. L'autre rencontre importante, Tremblay la fait à son travail, à l'Imprimerie judiciaire qui, en ce temps-là, imprime la revue *Parti pris.* Celle-ci milite dès

---

* Laurent Mailhot, « *Les Belles-Sœurs* ou l'enfer des femmes », dans Jean-Cléo Godin et Laurent Mailhot, *Théâtre québécois*, tome 1, p. 313.

ses débuts en faveur d'une littérature jouale dont Gérald Godin et Jacques Renaud seront, avant Tremblay, les porte-étendard. L'auteur des *Belles-Sœurs* ne les côtoie pas plus qu'il n'est un fidèle lecteur de la revue ; seulement, il respire l'encre avec laquelle leurs œuvres seront produites. C'est assez sans doute pour l'inspirer et pour servir de caution à son entreprise littéraire. À preuve, il envoie à Godin en 1966 le manuscrit de sa pièce, qu'il espère voir publier. La petite histoire dit que l'éditeur égara les pages dans le désordre de son bureau. Rendez-vous manqué !

1966-1970 La création des *Belles-Sœurs* n'aura lieu qu'en 1968, mais la vie publique de la pièce commence dès 1966. Dans la suite de sa démarche auprès des Éditions Parti pris, Tremblay l'inscrit au concours du Festival national d'art dramatique, présidé alors par le critique dramatique du quotidien *La Presse*, Martial Dassylva. Nouvel échec. Qu'à cela ne tienne, l'énergie créatrice de l'auteur n'est pas le moins du monde freinée. Outre des contes et trois autres pièces, rédigés entre 1965 et 1968, Tremblay conçoit, avec la collaboration d'André Brassard, *Messe noire* (1965) et *En pièces détachées* (1966). L'esprit iconoclaste qui anime ces spectacles influencera grandement l'approche scénique des *Belles-Sœurs,* enfin présentées en 1968. La création de la pièce sera précédée, le 4 mars de la même année, par une lecture publique, organisée par le Centre d'essai des auteurs dramatiques (CEAD). André Brassard y dirige une équipe de jeunes comédiennes qui font découvrir à un auditoire restreint une langue brute et un univers dramatique à la fois drôle et décapant. Les réactions seront vives, mais enthousiastes. Elles s'enveniment lorsque, le 28 août, la pièce est présentée publiquement pour la première fois au Théâtre du Rideau Vert. Le concert d'éloges fait alors place à des encouragements polis quand ce n'est pas à des propos virulents dans les médias. Tremblay se retrouve au cœur d'une polémique. Celle-ci ne concerne pas seulement la langue. Rappelons que le Québec vit alors une période de changements sans précédent, la Révolution tranquille. La pièce prend le contre-pied de l'optimisme ambiant, et montre les petites et grandes misères qu'il occulte. Son auteur sortira victorieux de la controverse. Avec lui naît ce qu'on appellera désormais le « théâtre québécois », qui met fin au « théâtre canadien-français » des Gratien Gélinas et Marcel Dubé.

1970-1977   On distingue trois périodes dans la carrière littéraire de Tremblay. La première, qui s'échelonne sur les dix années suivant la création des *Belles-Sœurs,* fait de lui la figure de proue de la scène théâtrale québécoise. C'est une période fertile. Pas moins de dix pièces sont créées, auxquelles s'ajoutent des scénarios pour le cinéma, des traductions, quelques récits et une comédie musicale. Chaque texte est l'occasion pour l'auteur de préciser sa manière, de creuser son imaginaire, de bousculer les habitudes du public. Certes le joual persiste, il demeure l'image de marque de cette dramaturgie, mais avec des pièces comme *La Duchesse de Langeais* (1970) et *Hosanna* (1972), Tremblay s'engage plus avant dans l'exploration d'un monde d'exclus et de marginaux aux potentialités dramatiques manifestes. Son propos choque puisqu'il lève le voile sur des réalités jusque-là interdites. Après les femmes dans *Les Belles-Sœurs,* voilà que naissent à la scène les homosexuels, les travestis, les stars des night-clubs de la « Main », bref tous ceux qui, vivant en marge d'une société en mutation, éprouvent tragiquement ses contradictions.

1978-1985   Tout en poursuivant son œuvre dramatique, Tremblay entreprend en 1978 sa carrière de romancier. Après le cycle des *Belles-Sœurs,* il inaugure ses Chroniques du Plateau Mont-Royal. Dès le premier titre *(La grosse femme d'à côté est enceinte),* le lecteur est invité à plonger dans la préhistoire de ses personnages, à les fréquenter de plus près, dans l'intimité de leur passion et de leur folie. Comme son théâtre, le roman de Tremblay joue sur plusieurs registres. Le fantastique y côtoie le réalisme comme le conte alterne avec une narration plus conventionnelle. Dans l'histoire du roman québécois, Tremblay marque, à côté d'autres écrivains (Yves Beauchemin, Arlette Cousture), une étape décisive. Romancier populaire déclaré, il contribue à l'élargissement du marché du livre au Québec, qui donne naissance au phénomène du best-seller. Sans disparaître de la vie culturelle, le théâtre s'engageait, à l'approche des années quatre-vingt, dans un travail de remise en question. La position dominante de Tremblay dans le ciel de la dramaturgie y était pour la première fois contestée alors qu'émergeait une nouvelle écriture, de nouvelles thématiques et de nouveaux auteurs (Normand Chaurette, René-Daniel Dubois, Michel-Marc Bouchard). C'est ce moment qu'il choisit pour élargir sa palette et investir un autre champ de la création littéraire.

1986-1996 La troisième phase, la dernière pour l'instant, n'exclut pas le théâtre et moins encore l'écriture romanesque. Mais cette fois, plus que jamais, la veine autobiographique occupe l'avant-plan. Tremblay met partiellement un terme (*Le Premier Quartier de la lune* renouera avec le cycle romanesque dès 1989) à ses Chroniques du Plateau Mont-Royal. Avec *Le Cœur éclaté* (1986) et *Le Cœur découvert* (1993) s'ouvre un territoire romanesque plus intimiste, contemporain de l'auteur, où les jeux de miroir entre réalité et fiction sont débarrassés des filtres déformants de la théâtralité. Cela s'exprime entre autres par la « domestication » de l'homosexualité, à l'image d'un auteur qui s'en réclame ouvertement et d'une société qui ne craint plus la différence. Mais ce sont les textes de souvenirs, d'abord *Les Vues animées* (1990) et ensuite *Douze coups de théâtre* (1992), qui confirment l'importance du matériau biographique. Il est vrai que Michel Tremblay n'a plus, depuis longtemps, à faire la preuve de son talent. Il a acquis le statut d'« écrivain national », ce qui, en plus des nombreuses distinctions (prix Victor-Morin en 1974, chevalier de l'ordre des Arts et des Lettres de France en 1984), lui vaut un public à la fois fidèle et curieux. Tremblay saura cultiver cet intérêt en prolongeant son œuvre par une présence et une parole publiques assidues. Sur ce plan, il marque une autre étape dans l'évolution de la littérature québécoise récente. On ne saurait ignorer l'effet qu'ont eu sur le monde littéraire les efforts consentis, dans les années soixante-dix et quatre-vingt, pour consolider la relation entre les artistes et leurs publics. Tremblay a su en tirer le meilleur parti possible, alors que d'autres choisissaient de se soustraire à cette logique (Réjean Ducharme) ou encore tentaient de la déjouer (Hubert Aquin). En ce sens, les récits de souvenirs de Tremblay, y compris *Un ange cornu avec des ailes de tôle* (1994), capitalisent sur une réputation acquise de longue date et témoignent admirablement de l'alliance obligée, de nos jours, entre littérature et médias.

Application

- Décrivez et expliquez l'accueil réservé aux *Belles-Sœurs* en 1968 en vous appuyant sur les articles publiés alors dans les journaux (voir « La pièce devant la critique » en annexe de l'édition Leméac de 1972).

- Choisissez trois personnages de la pièce et suivez leur trace à travers les autres pièces qui composent le cycle dramatique des *Belles-Sœurs*. Quel sort leur est-il réservé ? Jouent-ils un rôle de premier ou de deuxième plan ? Vous trouverez des renseignements utiles à ce sujet dans l'ouvrage de Jean-Marc Barrette, *L'Univers de Michel Tremblay. Dictionnaire des personnages*.

- Complétez le portrait de Michel Tremblay esquissé dans ce chapitre en vous reportant aux nombreux entretiens parus dans les journaux. Comment parle-t-il de lui-même, de la vie d'artiste, de son œuvre, du public ? Un entretien paru dans *Voix et images* (vol. 7, n° 2, 1982) et un autre dans les *Cahiers de théâtre Jeu* (n° 47, 1988) serviront de points de départ à cette réflexion.

Une œuvre comme *Les Belles-Sœurs* doit être examinée à la lumière de son contexte. Celui qui nous évoquerons dans les pages suivantes replace la pièce de Tremblay au cœur de la vie du théâtre. Moins connue que la chronique des œuvres littéraires et de leurs auteurs, celle du milieu théâtral permettra de mieux comprendre pourquoi, après *Les Belles-Sœurs*, le théâtre au Québec n'a jamais plus été le même.

Naissance d'un milieu théâtral

Il importe d'abord de savoir à quand remonte la naissance d'un milieu théâtral au Québec. Certainement pas avant la fin de la Grande Dépression (1929-1938). Ce traumatisme provoque l'effondrement de la société traditionnelle, et c'est sur les ruines de celle-ci que s'érige peu à peu la modernité québécoise. Ses premières manifestations dans le domaine théâtral sont la professionnalisation de ses artisans, amorcée à la fin du XIXᵉ siècle, et surtout l'apparition d'une production à vocation nationale et populaire. Avant cette période, et même jusque dans les premières années de la guerre, le théâtre vit une situation qui limite son développement et ses moyens d'action. Les institutions qui encadrent alors le théâtre sont le clergé — les communautés religieuses dans les collèges se servent du théâtre à des fins pédagogiques et idéologiques — et, dans les villes de Montréal et de Québec, une industrie du spectacle qui inonde le marché local de pièces françaises et américaines.

Gratien Gélinas sera le premier à faire éclater ces frontières. Avec ses *Fridolinades* (1938-1946), il construit une vitrine attrayante où l'activité théâtrale déploie ses charmes et tisse avec le public francophone des liens solides et durables. Les revues de Gélinas empruntent largement à des formes populaires, laminées par la morale ambiante et jugées « utiles » à force de raviver, au sein d'une population désorientée par la Crise, un sentiment d'appartenance. L'après-guerre voit naître un autre courant dont les ambitions seront plus artistiques et plus élitaires. Annoncée par la fondation des Compagnons de Saint-Laurent (1937) du père Émile Legault, celle du Théâtre du Nouveau Monde en 1951 contribue à la mise en place d'un système qui repose sur le mérite artistique et se reconnaît un objectif de démocratisation de la culture. Les grands textes étrangers prennent alors l'affiche du Stella, de l'Orpheum et plus tard du Quat'Sous, grâce à l'initiative de metteurs en scène inspirés comme Pierre Dagenais, Jean Gascon et Paul Buissonneau. Bientôt même on y consacre une dramaturgie nationale (Paul Toupin, Marcel Dubé) qui vient soutenir cet idéal artistique et éducatif. Au même moment, quelques-uns ne manquent pas d'être critiques à l'endroit de ce courant que l'on accuse d'être tourné essentiellement vers des formules superficielles. L'assaut est lancé par les automatistes dans le domaine de l'art et appuyé, au théâtre, par des troupes (les Apprentis-Sorciers, l'Égrégore, les Saltimbanques) inspirées par l'avant-garde européenne (Beckett, Adamov, Ionesco), qui cultivent l'anti-réalisme et revendiquent l'autonomie de la création par rapport aux finalités commerciales.

L'avènement des *Belles-Sœurs*

Arrivent Michel Tremblay et ses *Belles-Sœurs* en 1965. Dans de telles circonstances, le plus aisé aurait été sans doute de s'engager dans une de ces trois voies. Tremblay entreprend plutôt de bousculer le paysage en opérant des croisements. À Gélinas il emprunte le côté festif et populaire de la cérémonie théâtrale et l'idée de présenter au public un miroir dans lequel il pourra se reconnaître. Du théâtre de grand répertoire, cautionné par l'élite intellectuelle, il retient les thèmes sérieux (la fatalité, la mort) — bien qu'il les traite sur le mode comique —, de même qu'un bon nombre de références savantes (la tragédie) qui lui permettent, dès 1968, de s'introduire, même si c'est par une porte dérobée, dans un théâtre dit « institutionnel » (Théâtre du Rideau Vert). Enfin, des expérimentateurs comme Claude Gauvreau ainsi que des animateurs de l'avant-garde Tremblay adopte le ton ironique en même temps qu'il s'inspire de leur volonté de déjouer les attentes du public au moyen de procédés dramaturgiques et scéniques inusités.

Si la pièce opère des mélanges, c'est dans le but de traverser les frontières qui délimitent, au théâtre, les différentes pratiques et segmentent les publics. En outre, Tremblay cherche à déjouer les règles et les conventions à partir desquelles on a l'habitude d'évaluer la qualité d'une pièce. Conséquence : une nouvelle norme voit le jour avec *Les Belles-Sœurs,* qui touche autant à l'écriture dramatique que scénique. Cette norme, appelons-la postmoderne parce qu'elle coïncide avec l'essor de la culture de masse, marque le début d'une période faste pour le théâtre au Québec où l'enthousiasme le disputera à l'éclectisme, où l'ingéniosité et le bricolage remplaceront la recherche de la forme parfaite.

La fortune de la pièce

L'importance des *Belles-Sœurs* dans l'histoire récente du théâtre au Québec est indéniable. On n'a qu'à penser aux nombreux auteurs joualisants (Jean-Claude Germain, Michel Garneau) qui prennent d'assaut les scènes québécoises dans les années soixante-dix. Ou encore à l'émergence du théâtre des femmes qui sera largement tributaire de la prise de parole de ces ménagères du Plateau Mont-Royal. Mais le meilleur moyen de mesurer l'effet de la pièce, n'est-ce pas encore de voir à quelle fréquence elle a été montée depuis 1968, et d'examiner l'accueil que lui a réservé la critique ? Voici un rappel des mises en scène les plus marquantes.

La première mise en scène eut lieu en 1968 sous la direction d'André Brassard. Les traits dominants de la représentation sont alors fixés. Appuyé par un décor naturaliste chargé d'accessoires qui renforcent l'illusion d'une cuisine réelle, Brassard cherche à diriger l'attention du spectateur vers le portrait social et la fable politique que comporte la pièce. Les actrices y occupent, à bon droit, une place de choix ; par elles, la langue drue de Tremblay fait entendre l'aliénation de toute une société. En 1984, à la Nouvelle Compagnie théâtrale, le regard du metteur en scène a changé. Glissant rapidement sur le réalisme et la question linguistique, il va jouer la carte de l'absurde et ainsi souligner la filiation des *Belles-Sœurs* avec les théâtres de Ionesco et de Beckett. Un élément crucial contribue à ce changement de perspective. Durant cet intervalle, le théâtre au Québec s'est institutionnalisé — et compartimenté, ajouteraient certains —, et Brassard peut désormais compter sur les services d'artisans aguerris, dont le scéno-graphe, pour concrétiser sa vision. Le décor de Claude Goyette — une cuisine creusant un « trou » dans les toits derrière lesquels se profile le paysage (peint) de Montréal — requérait une attention nouvelle souligna un critique qui jugea *un peu gênant l'effet d'éloignement [qu'il créait]**. Quoique négatif, ce jugement résume bien l'ambition de Brassard d'illustrer scéniquement le temps passé depuis 1968 et la distance que celui-ci impose au spectateur.

Serge Denoncourt ira plus loin encore dans cette voie avec un spectacle présenté au Trident, à Québec, en 1991. Si Brassard optait pour une légère stylisation, le jeune metteur en scène fera le pari de l'épuration afin de crever l'image stéréotypée des *Belles-Sœurs*. Ainsi des accessoires il ne gardera que la table, mais en la démultipliant. Avec le texte, il fera ce que nul n'avait osé jusque-là : remplacer l'*Ô Canada* final par *Le Temps des cerises*, chanté lors de la Commune de Paris en 1871. L'esprit iconoclaste de cette production triomphe lorsque, sur écran, sont projetés la séquence de l'« ode au bingo » et, en guise d'épilogue, un cliché de la distribution des *Belles-Sœurs* de 1968. Denoncourt affirme par là que le rapport du public québécois à cette œuvre charnière passe désormais par la médiation d'une mémoire culturelle avec ce qu'elle comporte de distorsions mais aussi de nécessaire questionnement.

Il ne faut pas oublier les nombreuses productions amateurs et surtout étrangères de la pièce. D'abord au Canada anglais, où l'on s'est pris de sympathie pour ces femmes du Plateau Mont-Royal dès la création en 1968. Jouée partout au pays, la pièce ajoutera à l'étonnement du Canada vis-à-vis d'une province en profonde transformation. Étonnement et ambivalence : renforçait-elle l'image d'un peuple englué dans le conservatisme ou était-elle un signe d'émancipation ? Parallèlement à ce débat, on note des ressemblances entre la dramaturgie populaire anglo-saxonne (Irlande, Écosse) et *Les Belles-Sœurs*, autre raison sans doute de s'y intéres-

---

* Jean-Cléo Godin, «*Les Belles-Sœurs* : critique de spectacle », *Cahiers de théâtre Jeu*, n° 30, p. 129.

ser. On ne saurait ignorer non plus le passage de la pièce à Paris et sa fortune en France. Fortune complexe ! Car l'accueil reçu par Brassard et sa troupe en 1973 n'entraînera pas pour autant les metteurs en scène français à adopter l'œuvre sans condition — dont celle de la traduire « en français ». Tremblay demeure, encore aujourd'hui, peu joué en France, et ce même si certains dramaturges français ont depuis ce temps suivi un peu son exemple en défiant le canon hexagonal du grand style. On retiendra parmi eux Daniel Lemahieu, digne représentant de sa patrie normande et des milieux populaires. Mais aussi Valère Novarina, dramaturge qui s'efforce de contrer, par l'oralisation, les effets délétères des discours médiatiques. Enfin, plus récemment, se sont ajoutées à la feuille de route des *Belles-Sœurs* une production en langue écossaise et une autre en yiddish. Que dire là-dessus sinon que ce regard « autre » sur ce qui, disait-on, reflète l'âme québécoise autorise plus que jamais à penser l'œuvre sous l'angle d'une expérience humaine qui transcende les frontières nationales.

Application

- Faites le portrait de la situation du théâtre à Montréal entre 1965 et 1968. Quels étaient les auteurs en vogue, les troupes les plus actives et les principaux lieux de diffusion?

- En vous appuyant sur une documentation diversifiée (articles, archives, témoignages), reconstituez le spectacle de création des *Belles-Sœurs* en 1968 au Théâtre du Rideau Vert.

- On a souvent dit que dans les années quatre-vingt le théâtre québécois partait à la recherche d'horizons nouveaux. Comparez l'intrigue (et les thèmes sous-jacents) des *Belles-Sœurs* avec celle des *Reines*, une pièce de Normand Chaurette créée en 1991 par André Brassard et souvent citée comme l'exemple du « dépaysement » de l'écriture théâtrale au Québec. Quelles sont les points communs et les dissemblances significatives entre ces deux textes?

De quel passé s'agit-il ?

Qu'est-ce que la Révolution tranquille ? La question se pose d'emblée en présence des *Belles-Sœurs*. Voici ce qu'en dit le sociologue Fernand Dumont :

> [La Révolution tranquille] s'est effectuée par opposition au passé. Cette référence négative se reconnaît aussi bien dans les idéologies publiques que dans les conversations quotidiennes.
>
> De quel passé s'agit-il ?
>
> Le passé renié depuis les années 1960, c'est moins un ensemble d'événements défunts qu'une mémoire collective. C'est l'image que se donnait d'elle-même la société d'hier qui obsède les Québécois d'aujourd'hui. Troublante continuité par-dessus les ruptures de la vie quotidienne et qui fournit un premier aperçu du drame de la culture québécoise*.

Ce portrait, brossé à grands traits, d'une période cruciale de l'histoire du Québec insiste sur une chose essentielle : la réalité n'est pas seulement faite de données objectives ou empiriques, mais aussi, et peut-être surtout, de représentations. C'est là que s'est jouée, selon Dumont, la Révolution tranquille. La vision que les Québécois francophones entretiennent de leur passé modifie leur rapport au présent et à l'avenir.

Est-il besoin de dire que ces représentations sont la matière même du théâtre ? Ce qui fait la force d'une grande œuvre, c'est sa capacité à façonner d'autres représentations que celles qui ont statut d'évidence et qui ont la prétention de dire la vérité sur le réel. Avec *Les Belles-Sœurs*, Michel Tremblay a justement composé ce qu'on pourrait appeler une « contre-

---

* Fernand Dumont, *Le Sort de la culture*, p. 238-239.

image », et c'est sans doute pourquoi il a fait scandale. L'action de la pièce, son lieu d'ancrage et ses personnages offraient de la société une image peu flatteuse en comparaison de celle que fabriquaient les médias officiels, télévision en tête.

Transition et confusion

Un des progrès engendrés par la Révolution tranquille concerne la sécularisation de certaines institutions civiles (santé, éducation). L'ambition alors était d'achever le processus de déchristianisation amorcé dans les années trente, en mettant fin non seulement à l'emprise de l'Église sur l'État mais aussi à son monopole idéologique. Dans *Les Belles-Sœurs*, la croyance religieuse demeure, à l'inverse, un repère essentiel pour la plupart des femmes. Mais on note chez elles un tiraillement entre le contenu de cette croyance et la forme qu'elle prend désormais dans leur vie quotidienne.

Tremblay illustre, à travers divers épisodes de la pièce (« ode au bingo », scène de la neuvaine, etc.), le glissement qui semble s'opérer durant la Révolution tranquille de la société religieuse de jadis, portée par un idéal spirituel, vers la société de consommation où priment maintenant les valeurs matérielles de confort et de plaisir. Entre ces deux systèmes de représentation une confusion s'installe, qui confirme l'ambivalence idéologique de la société québécoise. Dans *Les Belles-Sœurs*, on va au bingo comme on va à la messe ; on investit dans le confort au foyer le même désir d'élévation ou de transcendance que dans le mystère divin.

Sortir le joual de l'ombre

La langue a été l'autre scène où s'est jouée la transformation de la conscience collective québécoise. Avec l'avènement des médias et la démocratisation de l'éducation, qui ont eu pour effet d'accélérer l'uniformisation linguistique, il devenait évident que le parler populaire allait prendre tôt ou tard le chemin des oubliettes ou encore être remisé sur les tablettes du folklore. Comme d'autres le feront avec le roman (Jacques Renaud) ou la poésie (Gérald Godin), Michel Tremblay contribua à sortir le joual de la sphère privée où il avait été jusque-là confiné pour l'amener sur la scène publique du théâtre, un lieu qui lui donnait forcément une légitimité nouvelle.

La querelle qu'il suscita n'est pas réductible aux réactions de rejet ou de sympathie dont le joual était alors l'objet dans la société. Bien entendu, il faut rappeler que Tremblay n'a jamais souhaité faire la promotion du joual, au contraire de ce qu'ont prétendu plusieurs de ses détracteurs. Il y voyait plutôt un moyen pour dénoncer une certaine forme d'aliénation collective. Sa vision des choses tranchait ainsi radicalement avec celle des André Laurendeau (alias Candide, du nom qu'il inscrira au bas de ses chroniques dans le journal *Le Devoir* en 1959) et Jean-Paul Desbiens (auteur des *Insolences du Frère Untel*, best-seller de 1960 avec cent dix mille exemplaires vendus) qui, au tournant de la décennie soixante, s'inquiétaient de ce que le bon peuple restait sourd à l'appel de la belle langue.

Est-ce parce qu'il prend le détour de la scène où des forces et des intérêts sont mis en relation concrète les unes avec les autres que le diagnostic de Tremblay paraît aujourd'hui si juste? À tout le moins, il est instructif. Sans être une analyse savante, son texte met en lumière la dynamique socioéconomique qui, à l'époque, imposait peu à peu aux individus un modèle linguistique plus conforme à la société postindustrielle, dite aussi de la « communication », en train de s'édifier. On se souvient que dans la pièce le personnage de Lisette de Courval aspire justement à désapprendre sa langue au profit d'une autre, culturellement plus valorisée. Mais en empruntant la voie qui mène de l'une à l'autre (Lisette s'efforce de parler « à la française » à ses amies, mais ses adresses au public trahissent ses « origines » linguistiques populaires), elle doit renoncer à son identité. Dépersonnalisé dans sa langue, ce personnage reflète bien l'état d'une culture en transition dont les assises profondes s'effritent au contact de nouvelles manières de vivre.

L'envers du décor

La pièce de Tremblay dévoile en quelque sorte l'envers de la Révolution tranquille. Pour s'en convaincre, voyons de plus près la fable qu'elle donne à lire et comparons-la avec le récit historique de cette période.

La Révolution de 1960 prétendait rénover la maison du Québec. Des changements ont effectivement été apportés à l'État, nouveau promoteur des valeurs collectives (en lieu et place de l'Église), qui modifieront le paysage physique et symbolique du Québec. Voilà qui rappelle l'ambition de Germaine Lauzon : avec ses timbres-primes, elle croit pouvoir meubler de neuf son appartement et amorcer une vie nouvelle. Là s'arrête pourtant la comparaison. Ou plutôt, s'il en est une, il faut la prendre à contresens. S'il est vrai que la Révolution tranquille a eu lieu, selon les vœux exprimés par l'élite canadienne-française elle avorte dans la cuisine de Germaine. Elle avorte sans doute parce que des obstacles de taille se dressent sur son chemin. Obstacles matériels, culturels, psychologiques. La liste est longue des contraintes qui empêchent Germaine, Linda, Angéline et les autres de se libérer. Par là, Tremblay dit bien les écarts qui, à l'époque, se creusaient entre une certaine classe (ouvrière) et les valeurs (petites-bourgeoises) définissant les nouveaux modèles d'existence. L'accueil réservé à la pièce fut un symptôme de cette déchirure au sein de la société québécoise. Vantée pour les mêmes raisons qu'elle était décriée, elle mit en relief les clivages sociaux qu'avait tendance à occulter le discours volontariste des réformateurs de la Révolution tranquille.

Application

- Comparez la scène du chapelet (fin du deuxième acte) dans *Bousille et les justes* (1959), de Gratien Gélinas, avec la neuvaine à Germaine dans *Les Belles-Sœurs*. Que concluez-vous de la manière dont les deux auteurs représentent l'évolution des mœurs et pratiques religieuses au Québec?

- Dégagez, de votre lecture des textes polémiques sur le joual, les principaux arguments de chaque camp. (Voir « Documents complémentaires », p. 105.)

- « *Les Belles-Sœurs* montrent l'envers du décor ou encore les coulisses de la Révolution tranquille. » Commentez cette affirmation.

On a parlé de réalisme à propos des *Belles-Sœurs*. L'affirmation se véri-
fie à condition de définir ce terme. Dans son *Dictionnaire du théâtre*,
Patrice Pavis écrit :

> Ces étiquettes [réalisme, illusion, naturalisme] possèdent en com-
> mun la volonté de doubler par la scène la réalité, d'en donner une imita-
> tion aussi fidèle que possible. Le milieu scénique est reconstitué de façon
> à tromper sur sa réalité. Les dialogues puisent dans les discours d'une
> époque ou d'une classe socio-professionnelle. Le jeu de l'acteur natura-
> lise au mieux le texte en aplatissant les effets littéraires et rhétoriques
> par une emphase de sa spontanéité et de sa psychologie*.

En face d'une telle définition, force est d'admettre que la pièce de
Tremblay ne correspond que partiellement à l'esthétique réaliste. Un examen plus complet permettra de faire le point sur la question, à laquelle se
grefferont ensuite quelques considérations sur le tragique des *Belles-Sœurs*.

Un réalisme revu et corrigé

Le milieu présenté dans *Les Belles-Sœurs* constitue le principal argument
en faveur du réalisme. Précisons que l'action de la pièce se déroule dans une
cuisine dont l'évocation succincte, en tête du texte, ne laisse pas de doute sur
les intentions de l'auteur de faire vrai, d'évoquer un milieu social (ouvrier)
connu du public. Cela dit, le réalisme ne tient pas qu'à cela. Outre une interprétation sociologique de la cuisine (celle-ci suppose une division sexuelle
des rôles sociaux : la femme à la cuisine et l'homme à l'usine), l'espace dramatique garantit un ancrage dans la banalité quotidienne, ce qui renforce
l'impression de réalisme. Le joual participe certainement de la même esthé-

---

* Patrice Pavis, *Dictionnaire du théâtre*, p. 317.

tique. Au-delà de la question de savoir si le joual des belles-sœurs reproduit parfaitement ou non celui des habitants des quartiers populaires de Montréal, on doit rappeler l'intention déclarée de l'auteur de se référer à une certaine réalité linguistique du Québec. Mais plus encore que cette référence sociologique, c'est l'usage du langage qui détermine dans la pièce son coefficient de réalité. Tremblay fait parler ses personnages « comme dans la vraie vie », c'est-à-dire qu'il ne gomme pas les redites, le coq-à-l'âne, le bavardage, bref tout ce qui fait l'inefficacité de la parole quotidienne.

Curieusement, ce procédé ne compte pas parmi les ingrédients usuels du réalisme. Au théâtre, la parole est action, et, parce qu'elle sert à mettre en marche les conflits, la dramaturgie réaliste privilégie l'enchaînement progressif des énoncés menant à une résolution. Tout le contraire des *Belles-Sœurs*. Tremblay rejette l'artifice du dialogue réaliste pour mieux refléter l'impuissance foncière de ses personnages et le caractère inéluctable de leur situation. Il n'est pas exagéré, dans ces conditions, de parler de réalisme revu et corrigé, voire de métaréalisme. Outre les procédés qui font illusion, Tremblay recourt à des techniques qui brouillent la réalité représentée et le rapport d'identification propre au réalisme. La première touche à l'action principale, le collage de timbres-primes dans les livrets, dont l'absurdité n'échappe à personne et qui contribue à tenir le spectateur à distance. Cette distance est nécessaire pour créer un effet comique, mais elle permet aussi à chacun de réfléchir sur ce qu'il voit. À cela s'ajoutent les ruptures constantes de la conversation des femmes, soit par les chœurs, soit par les monologues. Dans chaque cas, la parole acquiert une autre dimension du fait qu'elle sort du cadre des échanges entre personnages (le monologue interpelle directement le spectateur) et qu'elle insère dans la trame dramatique des « événements théâtraux » (le texte du chœur est récité) rappelant au public qu'il assiste à une pièce de théâtre. L'emploi de la narration et l'esprit ludique des *Belles-Sœurs* forment la base d'une dramaturgie épique de type brechtien.

Les influences

Les influences subies par Tremblay sont multiples. En ce qui concerne la veine réaliste, l'apport de la dramaturgie américaine se présente comme une référence obligée et positive. Le langage populaire était chose courante sur les scènes new-yorkaises dans les années cinquante. Le jeune auteur s'inscrit donc dans la voie ouverte par les Tennessee Williams, Arthur Miller et Edward Albee, dont il rejoint, par la peinture du milieu populaire montréalais, le souci de présenter la vérité historique et celui de traquer le mensonge derrière les mythes de la réussite sociale et du bonheur matériel. S'ajoutent les références négatives, et au premier chef le réalisme dégradé de la télévision. Dans les années soixante, le petit écran avait fait son entrée dans presque tous les foyers du Québec. Il disposait d'un pouvoir énorme pour façonner les esprits en réduisant le spectateur à la passivité. *Pis le soir,* récite le chœur de la « maudite vie plate », *on regarde la télévision** (p. 23). Michel Tremblay cible l'esthétique télévisuelle chaque fois qu'il sollicite directement le spectateur. Le portrait qu'il présente de la famille contredit spécifiquement l'optimisme des téléromans de l'époque (par exemple *Rue des Pignons*). Ceux-ci sont visés dans les premiers instants du deuxième acte où sont reprises les six dernières répliques du premier acte. Outre les références à la dramaturgie antique (le chœur et le messager) et même médiévale (le bonimenteur des mystères), l'auteur recycle ainsi, à des fins critiques, un procédé télévisuel qui consistait à rappeler aux spectateurs le contenu d'un épisode antérieur.

Michel Tremblay convie également le spectateur et le lecteur à une traversée de la culture populaire. Voici ce qu'en dit Jean-Claude Germain : Les Belles-Sœurs *n'étaient pas le début, mais bien plutôt la conclusion magistrale de toute une tradition théâtrale populaire [...]. Le grand art de Tremblay fut [...] d'avoir fait l'inventaire exhaustif de tous les prototypes théâtraux.* Et Germain d'ajouter : *Comme Andy Warhol et le Pop Art!***

Quelles sont ces formes populaires ? D'abord, elles ne sont pas seulement théâtrales. L'auteur convoque la tradition orale en dotant ses person-

---

* Toutes les références entre parenthèses renvoient à l'édition Leméac de 1972 des *Belles-Sœurs* de Michel Tremblay.

** Jean-Claude Germain, « Le premier chef-d'œuvre du bel canto québécois », Les Belles-Sœurs : *programme,* Centre national des Arts, p. 5.

nages d'un verbe proche de celui du conteur d'antan. Comment ne pas remarquer la force jubilatoire du verbe de Rose Ouimet, par exemple dans son histoire des moineaux (p. 36-37) ? Cette verve pour le moins paradoxale s'affirme dans *Les Belles-Sœurs* dans des circonstances analogues à celles que connaissaient les « beaux parleurs » de jadis : le surinvestissement verbal compense toujours l'impossibilité d'agir directement sur le réel. Mise au service du comique, l'« éloquence » des belles-sœurs prend par ailleurs des formes typiquement théâtrales qui renvoient à la tradition du burlesque (vaudeville) américain et dont le Québec comptera, à partir des années trente, plusieurs imitateurs (Ti-Zoune, la Poune). Enfin, on ne saurait ignorer l'apport du théâtre musical d'influence américaine mais aussi allemande. Le chœur de la « maudite vie plate » cache derrière son modèle grec celui des *songs* brechtiens par la distanciation parodique qu'il instaure et le rythme syncopé de son texte.

Du tragique à la tragédie

Du réalisme, on en vient à la tragédie. Ou devrait-on simplement parler de tragique ? Une définition restrictive, classique, du genre conduirait à exclure *Les Belles-Sœurs* du monde de la tragédie. Ici, nul héros, nulle faute morale non plus ou erreur de jugement entraînant le sacrifice d'une vie humaine ; les personnages de Tremblay sont sans noblesse et, plutôt qu'à une instance transcendante, régulatrice de leur destin, c'est au hasard qu'ils s'en remettent ultimement, mais sans jamais lui opposer de résistance, à l'inverse du sujet racinien ou cornélien qui lutte contre la loi morale ou contre la passion qui le ronge. Il suffit pourtant d'examiner la situation sous un autre angle pour voir en quoi le hasard même participe d'une vision tragique de l'existence. Le hasard — qui fait de Germaine Lauzon l'heureuse gagnante d'un million de timbres et qui fait naître de grands espoirs chez ces mordues du bingo — signifie l'annulation de toute transcendance, et par là celle de l'arbitraire social ou divin qui réglait la vie du héros classique. Sans ce principe supérieur contre lequel lutter, l'homme se retrouve devant une absence de sens que certains penseurs du XXe siècle (Sartre, Camus) ont qualifiée d'absurde et qui ne produit pas moins que le tragique un sentiment d'impuissance ou, mieux, d'inutilité de l'action. Dans *Les Belles-Sœurs,* la vieille Olivine Dubuc, sourde à tout ce qui se déroule autour d'elle, incarne l'absurdité (de « *surdus* » : « sourd ») dans laquelle sont plongées les femmes. L'absurde, chez Tremblay, proche de celui de Beckett et de Ionesco, conduit à une lecture tragique de la vie moderne. Car à l'instar de toute tragédie, *quand le rideau se lève, l'avenir [y] est déjà présent depuis l'éternité**.

---

* Georges Lukács, dans Patrice Pavis, *op. cit.*, p. 424.

Application

- Identifiez dans le texte les différents ingrédients appartenant à la culture populaire. Comment sont-ils intégrés à l'ensemble ?

- Identifiez dans la pièce trois procédés textuels de distanciation et évaluez leur effet sur le plan de la représentation.

- Selon Aristote, *l'effet tragique doit laisser chez le spectateur une impression d'élévation de l'âme, un enrichissement psychologique et moral*[*]. Est-ce vraiment le cas avec *Les Belles-Sœurs* ?

---

[*] Voir Patrice Pavis, *op. cit.,* p. 425.

e titre

Le titre de la pièce situe l'action au cœur de la famille. Celle-ci n'a toutefois pas la dimension symbolique qu'elle atteint dans le théâtre classique, où les parents portent aussi la couronne des souverains ; la famille des *Belles-Sœurs* se présente essentiellement comme un système de relations privées autour desquelles se nouent les conflits. Or, depuis le début du xxᵉ siècle, la collectivité familiale montre des signes d'effritement que la forme dramatique n'a pas manqué d'enregistrer. Il suffit de penser à Tchekhov, à Pirandello, bref à tout un courant du théâtre moderne qui met en scène un personnage solitaire. Le théâtre explore plus souvent qu'autrement le monde de l'intime *où les conflits intrapsychiques se substituent aux affrontements interindividuels**. L'abondance des monologues dans *Les Belles-Sœurs* rend compte de cette dégradation du lien familial. Et pourtant, l'auteur ne montre-t-il pas combien, dans la cuisine de Germaine, le collectif parvient encore à imposer sa loi ? C'est cette contradiction, cette tension qu'affiche le titre : les belles-sœurs sont unies entre elles par des liens obligatoires institués par le mariage. Mais ces liens sont rendus problématiques par l'absence effective et symbolique des hommes dans la pièce.

Du reste, où sont les vraies belles-sœurs ? Il n'y en a qu'une, Thérèse, sœur du mari de Germaine. Les autres n'ont pas de lien de parenté, sauf bien entendu les quatre sœurs (Pierrette, Germaine, Rose, Gabrielle), et les deux Dubuc, Thérèse et Olivine — parentes non par le sang mais par alliance. On comprend néanmoins l'intention du titre. La famille est constituée ici par l'appartenance à un milieu social, à une même condition féminine et même à un destin. Au centre de ce groupe, qui plus est, se trouve Germaine. Son prénom n'est certes pas innocent. Il désigne toute

---

* Michel Corvin, *Dictionnaire encyclopédique du théâtre*, p. 26.

relation hors du cercle restreint de la famille première ; ce type de relation semble plus lâche et ordinairement moins contraignant, mais ne suggère pas moins une homogénéité de pensée, d'attitude et de comportement. On notera que « Germaine », c'est aussi le principe de prolifération, de germination, celui par lequel justement toute personne, dans ce milieu, fait plus ou moins partie de la même famille. La pièce de Tremblay ne contient pas moins de cent six noms, y inclus ceux des femmes présentes dans la cuisine de Germaine, qui, disséminés dans le texte, donnent à lire une véritable nomenclature de la Grande Famille canadienne-française. Ces noms reviennent dans d'autres pièces du cycle des *Belles-Sœurs,* indiquant par là combien la première pièce fut un terrain fertile pour l'œuvre future.

Le système des noms

L'onomastique (le système des noms) tremblayienne sert des fins qui sont aussi dramaturgiques. Les personnages se désignent fréquemment par leur nom pour des raisons qui tiennent aux règles conversationnelles (retenir l'attention de son interlocutrice) et d'autres qui relèvent de la pure stratégie verbale (flatter, prendre à partie). L'effet ultime de cette profusion de noms n'est pourtant pas de singulariser les personnes. Dans cette cuisine où les rôles sont interchangeables, quelle différence cela fait-il de s'appeler Angéline ou Olivine, Thérèse ou Des-Neiges, Pierrette ou Ginette, Lise ou Rose ? De fait, ce sont les noms eux-mêmes qui acquièrent dans le texte une certaine autonomie en tant que matériau sémantique et sonore. C'est ce que signale implicitement l'énumération que débite Yvette Longpré (p. 82-83) et ce qu'expérimentent à peu près tous les premiers lecteurs de la pièce. Noms et personnages sont, dans les premiers moments de la lecture, dissociés les uns des autres. Ces procédés, enfin, sont cohérents avec le caractère non réaliste et anti-psychologique de la pièce. Sur le plan théâtral, il n'est pas difficile de voir que la prolifération des noms participe étroitement de la dimension musicale de l'œuvre.

Un texte en évolution

Le texte des *Belles-Sœurs* a subi plusieurs modifications (ajouts et suppressions) depuis la lecture publique présentée par le CEAD et son premier état publié dans la revue *Théâtre vivant,* en 1968. Avec l'édition Leméac, datée de 1972, le lecteur aura en main le texte définitif, repris en 1991 par Actes Sud (en coédition avec Leméac) dans le premier tome des œuvres complètes *(Théâtre I).* Y ont été ajoutées notamment les histoires des « huit z'erreurs » de Gabrielle Jodoin, de la charade mystérieuse de Lisette de Courval, du slogan mystère de Des-Neiges Verrette, de la voix mystérieuse de Thérèse Dubuc, du « maudit cul » de Rose Ouimet, et enfin celle des objets grossis d'Yvette Longpré. Certains de ces personnages ne font d'ailleurs leur apparition qu'en 1972*. L'autre modification majeure concerne le deuxième acte. La reprise des six dernières répliques du premier acte apparaît seulement dans l'édition Leméac.

Mais au-delà de ces ajouts, dont on devine qu'ils ont suivi les transformations de la mise en scène, c'est la manière d'écrire le joual qui retient l'attention. Il faut attendre 1972 pour voir apparaître les « moman », « marci », « que j'aye » et autres « Urope », caractéristiques de la langue de l'auteur. Celle-ci, faut-il le rappeler, est une construction esthétique, autrement dit une « invention », car il n'y a pas une seule façon d'orthographier la langue populaire. Le lecteur québécois en sait quelque chose, lui qui en ouvrant le livre pour la première fois peine toujours un peu avant de pouvoir lire cette langue qu'il croyait pourtant bien connaître. Pour l'auteur, qui innovait en cette matière en 1965, il n'est pas sûr que ce fut moins problématique. De fait, Tremblay passera quelques années à raffiner son système de transcodage de l'oral à l'écrit, l'ajustant d'une part à l'usage des actrices et précisant de l'autre sa dimension proprement littéraire.

On peut résumer le problème du joual d'un point de vue linguistique de la manière suivante : Tremblay n'écrit pas la langue parlée ; il fabrique une langue théâtrale en maniant habilement deux codes, l'oral et l'écrit. Dans l'énoncé *Chus certaine que tu l'aurais trouvé de ton goût, Linda…* (p. 15), on voit bien que le pronom personnel « chus » ne répond pas qu'aux exigences de l'expression orale, sinon pourquoi y annexer le « s », qui renvoie clairement à la forme « je suis » de la langue standard ? Autre

---

* Voir Jean-Marc Barrette, *L'Univers de Michel Tremblay. Dictionnaire des personnages.*

exemple : Germaine dit plus loin à Linda qui revient d'une course dans le quartier : *Y'est quasiment temps !* (p. 54). Les mêmes conclusions s'imposent au sujet de la contraction « il est » — prononcé « y'é » —, et c'est ce qui fait dire, avec l'essayiste Lise Gauvin, qu'on est en face ici d'un « effet-joual » et non d'une véritable écriture de l'oralité*. Cela étant dit, la langue tremblayienne n'est pas seulement une affaire de traduction ou de lexique, et moins encore de jurons et de sacres, curieusement assez rares dans le texte des *Belles-Sœurs* (ils sont le fait de Pierrette) ; la parole dramatique est une parole de rythme, de respiration, et c'est par là surtout que le lecteur prend la mesure de l'oralité populaire. L'originalité de Tremblay consiste à restituer au texte cette respiration au moyen d'exclamations, de points de suspension et d'artifices rhétoriques comme ces embrayeurs et déictiques (là, icitte, donc, entéka, hein, etc.) nombreux qui amplifient la dimension phatique de la parole au moyen de laquelle ces femmes affirment une présence quasi obsédante sur scène en contrepoint avec leur absence sur la scène de l'Histoire.

Le texte didascalique

Un texte dramatique possède deux faces. La première recouvre le discours des personnages : ce sont les répliques qui s'enchaînent les unes aux autres et au fil desquelles se dessine le conflit dramatique ; la deuxième renferme la parole de l'auteur. Si le « nouveau réalisme » de Tremblay le contraint, comme le prétend Jean-Claude Germain**, à se dissocier de ses personnages, il n'empêche que ce dernier se fait entendre éloquemment par le biais du texte didascalique. Celui-ci comporte, à son tour, deux aspects : les indications scéniques informent le lecteur sur la réalité non verbale du langage théâtral (décor, accessoires, mouvements, costumes, gestes, mimiques, etc.), alors que la didascalie proprement dite concerne l'action discursive du personnage et son exécution par l'acteur.

---

* Voir Lise Gauvin, « Le théâtre de la langue », dans Gilbert David et Pierre Lavoie (dir.), *Le Monde de Michel Tremblay*, p. 341-350.

** Voir « J'ai eu le coup de foudre », *Théâtre vivant*, n° 6.

La singularité des *Belles-Sœurs* se situe nettement dans le non-verbal. Tremblay y multiplie les interventions, élaborant ainsi un discours scénique complexe qui participe étroitement de la mise en scène. Certains critiqueront d'ailleurs cette façon de faire et les contraintes qu'elle impose sur le plan artistique. André Brassard, reprenant la pièce en 1984, avançait que c'était là *[la] seule faille, peut-être, au plan de l'écriture**. Sa réaction sera alors d'interpréter plus librement certaines indications d'éclairage, s'appuyant sans doute sur une connaissance des textes ultérieurs de Tremblay qui font preuve, sur ce plan, d'une plus grande économie. En revanche, l'abondance des indications scéniques peut s'expliquer du fait que dans *Les Belles-Sœurs* plusieurs styles et genres cohabitent. Un peu comme un chef d'orchestre qui chercherait à diriger ses musiciens à distance, l'auteur intervient au moyen du texte didascalique pour coller ensemble ce qui a été conçu, dès le départ, comme une courtepointe dramatique.

---

* André Brassard, « De la mise en scène à une mise en scène : entretien avec Lorraine Hébert », *En scène. Les Cahiers de la NCT,* n° 18, p. 4.

Application

- Les relations familiales et de voisinage sont au centre de l'action des *Belles-Sœurs*. Expliquez cette métaphore.

- Comparez une page des *Belles-Sœurs* avec une page du roman *Le Cassé* (1964), de Jacques Renaud, et une autre des *Cantouques* (1966), de Gérald Godin. Décrivez l'usage que fait chaque texte de la langue populaire.

- Choisissez un extrait significatif et faites le relevé des indications scéniques en les classant en fonction de leur utilité : coordonnées spatiotemporelles, intériorité du personnage, jeu de l'acteur, ambiance de la scène, etc. Quelles conclusions en tirez-vous ?

- Sur plusieurs plans, *Les Belles-Sœurs* affirment l'appartenance à une tradition théâtrale réaliste qui entend faire le portrait d'un milieu social particulier (le milieu ouvrier). Toutefois, ce réalisme est déconstruit au moyen d'une série de procédés qui rompent par intermittence le rapport d'identification fondant le pacte de représentation réaliste. Voilà qui explique peut-être les réactions vives et ambiguës du public lors de la création. Tremblay ne fait pas que montrer une portion de réel, il la déforme et invite le spectateur à réfléchir.

- *Les Belles-Sœurs* offrent un bon exemple d'œuvre hétérogène. De la tragédie grecque à la comédie de l'absurde, du vaudeville à la revue, la pièce propose un mélange de formes et de styles, empruntés à plusieurs époques et traditions. L'indécision générique de la pièce (est-ce une tragédie, une comédie, un drame?) n'est qu'une des illustrations de ce phénomène que l'on cerne habituellement par la notion de carnavalesque, que l'on doit au critique russe Mikhaïl Bakhtine. Cette notion postule non seulement la diversité mais aussi l'épuisement des systèmes qui hiérarchisent les composantes de l'œuvre.

- La Révolution tranquille constitue le décor historique des *Belles-Sœurs*. Cette période cruciale de l'histoire politique et sociale du Québec moderne a été caractérisée notamment par l'affirmation d'une nouvelle forme de nationalisme qui se veut plus ouvert et orienté vers l'avenir. Pourtant l'œuvre de Tremblay n'est pas le pur reflet de cette réalité. Elle donnerait plutôt à voir l'envers de la médaille, c'est-à-dire ce qu'occultent les discours volontaristes des réformateurs de la Révolution tranquille.

- Le domaine linguistique a été l'un des chantiers qu'investissent prioritairement les partisans du nouveau nationalisme québécois. *Les*

Belles-Sœurs sont alors inscrites au répertoire des œuvres qui revendiquent le joual comme langue authentiquement québécoise. Pourtant, l'auteur lui-même ne fera jamais mystère de ses intentions à ce sujet : le joual était et demeurera longtemps, à ses yeux, le symbole de l'aliénation du peuple. Nécessaire pour illustrer un état circonstancié de la condition canadienne-française, le joual est un état de la langue qui doit être dépassé.

- L'effet des *Belles-Sœurs* est indéniable. On en parle comme de l'acte de naissance du « théâtre québécois » prononcé contre ce qui s'appelait alors le théâtre « canadien-français ». À l'égard de l'élaboration dramaturgique, la pièce n'a pas moins d'importance, car elle y joue sensiblement le même rôle de matrice. C'est à partir de 1965 que Tremblay jette les bases de ce qui va devenir le cycle des *Belles-Sœurs*, dont le socle principal est constitué des sept pièces écrites entre 1965 et 1977 *(Les Belles-Sœurs, En pièces détachées, La Duchesse de Langeais, À toi, pour toujours, ta Marie-Lou, Hosanna, Sainte Carmen de la Main, Damnée Manon, sacrée Sandra)*, lesquelles communiquent entre elles au moyen d'un réseau complexe de personnages et de thèmes. L'idée lui aura été inspirée par l'œuvre de Balzac *(La Comédie humaine)* et de Zola *(Les Rougon-Macquart)*, de même que par les modèles antiques des *Atrides* et de l'*Orestie*.

ÉTUDE DE L'OEUVRE

Deuxième partie

1	LA STRUCTURE ET LA COMPOSITION
2	LES THÈMES ET LES MOTIFS
3	L'ÉCRITURE
4	LE FOND ET LA FORME
5	À RETENIR

L'intrigue des *Belles-Sœurs* se résume à peu de chose. Germaine Lauzon invite son voisinage, composé entièrement de femmes, à venir un soir coller un million de timbres-primes dans des livrets. Ceux-ci, une fois remplis, pourront être échangés contre du mobilier. *J'vas toute meubler ma maison en neuf !*, dit Germaine à sa sœur Rose. *J'vas avoir un poêle, un frigidaire, un set de cuisine* (p. 19-20). On apprend vite, une fois que les belles-sœurs rassemblées ont pris place autour de la table de cuisine, que la bonne fortune de Germaine (elle est l'heureuse gagnante d'un concours organisé par un supermarché) inspire de la jalousie à ses voisines. Tout en « placotant », l'une d'elles va donc entreprendre de lui voler clandestinement son trésor. Elle sera bientôt invitée par presque tous les autres membres du groupe, ce qui entraîne à la fin, lorsque l'hôtesse découvre le pillage, une explosion de colère, suivie d'une pluie de timbres tombant lentement sur la scène.

Découpage de l'action

La pièce se divise en deux actes. Dans le premier on assiste à l'arrivée du contingent d'ouvrières et à leur mobilisation par Germaine (la capitaliste !) autour de la « table à coller ». Dans le deuxième, la mobilisation a cédé le pas aux dissensions : les femmes préparent leur sortie en échangeant paroles et timbres derrière le dos de Germaine. Pour le lecteur et le spectateur toutefois, ce découpage ne dit rien sur le fonctionnement réel de l'action, qui subit des accélérations et des ralentissements, des montées et des chutes, selon un rythme proche de celui qu'épouse un morceau de musique — avec ses refrains, ses amplifications, ses instants suspendus. Aussi, est-il possible de proposer un tableau plus précis où seront visibles les variations d'intensité dans le mouvement général de l'action. Ce découpage ne reprend aucune division inscrite dans le texte par l'auteur. Comme beaucoup de textes modernes, *Les Belles-Sœurs* ne fonctionnent pas selon le système de division par scènes, qui suppose des coupures nettes entre chaque unité dramaturgique. Le modèle proposé ici veut rendre compte de la manière dont l'auteur a orchestré les mouvements de sa partition :

Premier acte

1. Entrée de Linda ; lutte entre elle et Germaine (exposition)

Début : LINDA L. — Misère, que c'est ça ? Moman ! (p. 15)

Fin : GERMAINE (dans le récepteur, à Rose) — […] C'est ça, oui… oui… bye ! (p. 21)

2. Arrivée du premier groupe ; préparatifs de la soirée

Début : MARIE-ANGE B. — Moé, c'est ben simple, madame Lauzon, chus jalouse. (p. 21)

Fin : DES-NEIGES V. — J'ai rien qu'une chose à vous dire, madame Dubuc, vous êtes une sainte femme ! (p. 35)

3. Début de la séance de collage des timbres

Début : GERMAINE L. — Bon ben astheur que les timbres pis les livrets sont distribués […]. (p. 35)

Fin : MARIE-ANGE B. — C'est correct, d'abord, j'vas rester. Mais chus contre pareil ! (p. 43)

4. Attente ; début du vol des timbres par Marie-Ange Brouillette

Début : LISETTE de C. — J'ai découvert la charade mystérieuse dans le *Châtelaine* le mois dernier… (p. 43)

Fin : DES-NEIGES V. — J'ai besoin d'un homme. (p. 54)

5. Arrivée des autres femmes ; entrée de Pierrette

Début : GERMAINE L. — Ah! te v'là, toé! Y'est quasiment temps! (p. 54)

Fin : PIERRETTE G. — Ah'ben câlisse! Angéline! Que c'est que tu fais icitte, toé! (p. 71)

Deuxième acte

6. Entrée de Pierrette *(bis)* ; départ d'Angéline

Début : PIERRETTE G. — Salut tout le monde! (p. 75)

Fin : GERMAINE L. — Ben oui, reste tranquille, un peu! Pis colle! Tu fais rien (p. 88)

7. Les messes basses de Pierrette

Début : LISE P. (à Linda) — Y faut que j'te parle, Linda... (p. 88)

Fin : RHÉAUNA B. (en volant des timbres) — Après tout, y m'en manque juste trois pour avoir mon porte-poussière chromé. (p. 104)

8. Retour d'Angéline : *Ô Canada* (épilogue)

Début : ANGÉLINE S. — Bonsoir... (À Rhéauna.) Chus rev'nue... (p. 104)

Fin : GERMAINE L. — ... Y me reste pus rien! Rien! Rien! Ma belle maison neuve! Mes beaux meubles! Rien! Mes timbres! Mes timbres! (p. 109)

Notons que tout découpage ou division d'un texte dramatique apparaît déjà comme une interprétation. Interprétation puisqu'il permet de dégager un sens ou, mieux, une logique sous-jacente à l'histoire racontée. De notre découpage, on peut dire qu'il met en évidence au moins trois choses. D'abord, la chorégraphie des actions par le jeu des entrées et des sorties marque bien l'attention qu'il faut porter à l'organisation de l'espace. Ensuite, le principe de cohésion de l'action incarné par Germaine semble se diluer au fur et à mesure que progresse l'histoire, au point que les deux derniers segments se déroulent dans la confusion et l'éparpillement. Enfin, on peut noter que le récit dramatique progresse selon une logique d'alternance entre les actions collectives et les actions individuelles de même qu'entre les actions principales et les actions secondaires.

Pour mieux comprendre ce dernier point, il suffit d'examiner le troisième segment, où débute vraiment la séance de collage de timbres. Alors que l'ambition de Germaine est que bavardage et collage ne fassent plus qu'une action, une lecture attentive du texte montre que ces deux mouvements possèdent leur logique propre, si bien qu'ils entraînent les personnages dans deux directions opposées. Cette opposition peut se résumer ainsi : tout se passe comme si à un mouvement centripète (collage) répondait un mouvement centrifuge (conversation). L'éclatement final confirme que les efforts de Germaine pour assurer la cohésion du groupe par l'entreprise de collage n'ont pas triomphé sur les forces dissidentes. Le vol de Marie-Ange n'en est pas la seule illustration ; chaque monologue est aussi une manière de déchirer le voile de l'amitié factice qui existe entre ces femmes, et, pour elles, de s'échapper du lieu où Germaine cherche à les enfermer.

S'il en va ainsi de l'action à l'échelle macroscopique, comment s'enchaîne-t-elle au niveau des microséquences ? La même logique opère, comme en témoignent bon nombre d'actions qui, à l'exemple du projet de Germaine, finissent mal ou avortent tout simplement. Quelques exemples suffiront. Il y a la neuvaine de Germaine, qu'elle amorce péniblement en mobilisant ses voisines autour du poste de radio, et qui sera interrompue par l'arrivée bruyante d'Olivine Dubuc. Il en va de même pour Linda qui tente plusieurs fois de quitter les lieux mais qui n'y parvient pas. Que dire aussi de la scène où la requête d'Olivine Dubuc pour obtenir un Coke se perd dans le désordre des conversations privées ? Enfin, la même analyse vaut pour Angéline qui menace de rompre les liens avec son amie Rhéauna (qui apprend qu'Angéline la « trompe » en fréquentant le même bar que Pierrette), mais qui, par peur sans doute d'affirmer sa liberté, se renie elle-même dans une dernière tentative de réconciliation. Tout cela démontre que dans *Les Belles-Sœurs* aucun projet ne peut être mené à terme ; y font obstacle des contraintes extérieures — par exemple le groupe pour qui l'individu représente une menace — et intérieures — inscrites dans la psyché de chacune, et auxquelles nulle ne peut se soustraire sans risquer d'être confrontée à ses propres démons. On n'a qu'à penser au conservatisme moral et au « handicap » langagier (le joual) ; au même titre que la pauvreté matérielle, ils limitent la capacité d'action (et de jugement) de ces femmes, mais sont néanmoins les assises d'une certaine cohésion identitaire.

Scène d'exposition : le contrat de représentation

Il est temps de procéder à l'analyse d'un premier extrait. Mais pas n'importe lequel. L'exposition occupe une position stratégique dans l'économie de la pièce. C'est là que le spectateur ou le lecteur entre en contact avec les personnages et que se met en place le conflit qui va bientôt les opposer. L'analyse suivra deux voies, complémentaires mais distinctes. La première permet d'illustrer, voire de dépasser ce qui vient d'être dit sur le fonctionnement de l'action. La deuxième ouvre sur des questions reliées à la représentation. Chaque réplique a été numérotée pour faciliter la lecture du commentaire. Notons que l'extrait suivant ampute l'exposition de sa dernière réplique, adressée par Germaine à sa sœur Rose au téléphone.

L'action se déroule en 1965.
Cuisine. Quatre énormes caisses occupent le centre de la pièce.

PREMIER ACTE

(Entre Linda Lauzon. Elle aperçoit les quatre caisses posées au centre de la cuisine.)

1. LINDA LAUZON — Misère, que c'est ça ? Moman !

2. GERMAINE LAUZON, dans une autre pièce — C'est toé, Linda ?

3. LINDA — Oui. Que c'est ça, les caisses qui traînent dans'cuisine ?

4. GERMAINE — C'est mes timbres !

5. LINDA — Sont déjà arrivés ? Ben, j'ai mon voyage ! Ça pas pris de temps !

(Entre Germaine Lauzon)

6. GERMAINE — Ben non, hein ? Moé aussi j'ai resté surpris ! Tu v'nais juste de partir, à matin, quand ça sonné à'porte ! J'vas répondre. C'tait un espèce de grand gars. J'pense que tu l'aurais aimé, Linda. En plein ton genre. Dans les vingt-deux, vingt-trois ans, les cheveux noirs, frisés, avec une petite moustache... Un vrai bel homme. Y m'demande, comme ça, si chus madame Germaine Lauzon, ménagère. J'dis qu'oui, que c'est ben moé. Y m'dit que c'est mes timbres. Me v'là toute énarvée, tu comprends. J'savais pas que c'est dire... Deux gars sont v'nus les porter dans'maison pis l'autre gars m'a faite un espèce de discours... Y parlait ben en s'il-vous-plaît ! Pis y'avait l'air fin ! Chus certaine que tu l'aurais trouvé de ton goût, Linda...

7. LINDA — Que c'est qu'y disait, toujours ?

8. GERMAINE — J'sais pu trop... J'étais assez énarvée... Y m'a dit que la compagnie pour qui qu'y travaillait était ben contente que j'aye gagné le million de timbres-primes... que j'étais ben chanceuse... Moé, j'savais pas que c'est dire... J'aurais aimé que ton père soye là... y'aurait pu y parler, lui... J'sais même pas si j'y ai dit marci !

9. LINDA — Ça va en faire des timbres à coller, ça ! Quatre caisses ! Un million de timbres, on rit pus !

10. GERMAINE — Y'en a juste trois caisses. La quatrième, c'est pour les livrets. Mais j'ai eu une idée, Linda. On n'est pas pour coller ça tu-seules ! Sors-tu, à soir ?

11. LINDA — Oui, Robert est supposé de m'appeler...

12. GERMAINE — Tu pourrais pas r'mettre ça à demain ? J'ai eu une idée, 'coute ben... À midi, j'ai téléphoné à mes sœurs, à la sœur de ton pére, pis chus t'allé voir les voisines. J'les ai toutes invitées à v'nir coller des timbres, à soir. J'vas faire un party de collage de timbres ! C't'une vraie bonne idée, ça, hein ? J'ai acheté des pinottes, du chocolat, le p'tit a été chercher des liqueurs...

13. LINDA — Moman, vous savez ben que j'sors toujours, le jeudi soir ! c'est not'soir ! On voulait aller aux vues...

14. GERMAINE — Tu peux pas me laisser tu-seule un soir pareil ! On va être quasiment quinze !

15. LINDA — Vous êtes folle ! On rentre jamais quinze dans'cuisine ! Pis vous savez ben qu'on peut pas recevoir dans'le restant de la maison

parce qu'on peinture ! Misère, moman, que vous avez donc pas d'allure, des fois !

16. GERMAINE — C'est ça, méprise-moé ! Bon, c'est correct, sors, fais à ta tête ! Tu fais toujours à ta tête, c'est pas ben ben mêlant ! Maudite vie ! J'peux même pas avoir un p'tite joie, y faut toujours que quelqu'un vienne toute gâter ! Vas-y aux vues, Linda, vas-y, sors à'soir, fais à ta tête ! Maudit verrat de bâtard que chus donc tannée !

17. LINDA — Comprenez donc, moman...

18. GERMAINE — J'comprends rien pantoute pis j'veux rien savoir ! Parle-moé pus... Désâmez-vous pour élever ça, pis que c'est que ça vous rapporte ? Rien ! Rien pantoute ! C'est même pas capable de vous rendre un p'tit sarvice ! J't'avertis, Linda, j'commence à en avoir plein le casque de vous servir, toé pis les autres ! Chus pas une sarvante, moé, icitte ! J'ai un million de timbres à coller pis chus pas pour les coller tu-seule ! Après toute, ces timbres-là, y vont servir à tout le monde ! Faudrait que tout le monde fasse sa part, dans'maison !... Ton père travaille de nuit, pis si on n'a pas fini de coller ça demain, y va continuer dans'journée, y me l'a dit ! J'demande pas la lune ! Aide-moé donc, pour une fois, au lieu d'aller niaiser avec c'te niaiseux-là !

19. LINDA — C'est pas un niaiseux, vous saurez !

20. GERMAINE — Ah ben, j'ai mon voyage ! J'savais que t'étais nou-noune, mais pas à ce point-là ! Tu t'es pas encore aperçue que ton Robert c't'un bon-rien ? Y gagne même pas soixante piasses par semaine ! Pis tout c'qu'y peut te payer, c'est le théâtre Amherst, le jeudi soir ! C'est moé qui te le dis, Linda, prends le conseil d'une mére, si tu continues à le fréquen-ter, tu vas devenir une bon-rienne comme lui ! T'as quand même pas envie de marier un colleur de semelles pis de rester strapeuse toute ta vie !

21. LINDA — Farmez-vous donc, moman, quand vous êtes fâchée, vous savez pus c'que vous dites ! C'est correct, j'vas rester, à soir, mais arrêtez de chiâler, pour l'amour ! D'abord, Robert, là, y va avoir une aug-mentation ben vite, pis y va gagner pas mal plus cher ! Y'est pas si nono que ça, vous savez ! Le boss m'a même dit qu'y pourrait embarquer dans les grosses payes, ben vite, pis devenir p'tit boss ! Quand t'arrives dans les quatre-vingts piasses par semaine, c'est pus des farces ! Entéka ! J'vas y téléphoner, là... J'vas y dire que j'peux pas aller aux vues, à soir... J'peux-tu y dire de v'nir coller des timbres avec nous autres ?

22. GERMAINE — Tiens, r'garde-la! J'viens d'y dire que j'peux pas le sentir, pis a veut l'inviter à soir! Ma grand-foi du bon Dieu, t'as pas de tête su'es épaules, ma pauv'fille! Que c'est que j'ai ben pu faire au bon Dieu du ciel pour qu'y m'envoye des enfants bouchés pareils! Encore, à midi, j'demande au p'tit d'aller me chercher une livre d'oignons, pis y me revient avec deux pintes de lait! Ça pas de saint grand bon sens! Y faudrait toute répéter vingt fois, ici-dedans! J'peux ben pardre patience! J't'ai dit que je faisais un party de femmes, Linda, rien que des femmes! C'est pas un fifi, ton Robert!

23. LINDA — C'est correct, v'nez pas folle, la mère, j'vas y dire de pas v'nir, c'est toute! J'ai mon voyage! On n'est même pas capable de rien faire, icitte! Voir si j'ai envie de coller des timbres après ma journée à shop! Pis allez époussetter dans le salon, un peu! Vous êtes pas obligée de tout entendre c'que j'vas dire! *(Elle compose un numéro de téléphone.)* Allô! Robert, s'il vous plaît… Quand c'est que vous l'attendez? Bon, vous y direz que c'est Linda qui a appelé… Oui, madame Bergeron, ça va bien, pis vous? Tant mieux! Bon ben c'est ça, hein, bonjour! *(Elle raccroche. Le téléphone sonne aussitôt.)* Allô! Moman, c'est pour vous!

24. GERMAINE, entrant — T'as vingt ans, pis tu sais pas encore qu'y faut dire « un instant s'il vous plaît » quand on répond au téléphone!

25. LINDA — C'est rien que ma tante Rose. J'sais pas pourquoi j's'rais polie avec elle!

26. GERMAINE *(bouchant le récepteur)* — Veux-tu ben te taire! D'un coup qu'a t'aurait entendue!

27. LINDA — J'm'en sacre! (p. 15-19)

L'exposition peut se diviser en trois temps, chacun jouant son rôle dans la mise en place de ce qui va suivre (exposé de la situation, formation du conflit, description du cadre de l'action). Le premier appartient à Germaine. Dans les douze premières répliques, celle-ci raconte à sa fille qu'elle a reçu ce matin-là quatre grosses caisses de timbres-primes et de livrets, puis lui explique ce qu'elle veut en faire. Son ton est enjoué, on sent dans ses paroles une certaine assurance qui laisse croire que ce jour inaugure à ses yeux un temps nouveau. On ne lit pas le même enthousiasme dans les répliques de Linda, mais plutôt une forte résistance à participer à la joie de sa mère. Le fait de la vouvoyer, une pratique jadis répandue dans les milieux modestes, campe résolument Linda dans une position d'infériorité qui sous-tend le respect que l'on doit aux parents mais qu'elle ne déjoue pas moins par des répliques courtes et dépourvues d'émotion. Le deuxième temps (r. 13-21) fait place au conflit entre la mère et la fille. Linda refuse de participer à la soirée de collage, sous prétexte qu'elle a prévu une sortie en compagnie de Robert, son amoureux. La réaction de Germaine sera vive et violente. Celle-ci rappelle à sa fille ses devoirs familiaux. Troisième temps (r. 22-23) : Linda plie l'échine sous le poids des arguments de sa mère, mais elle déclenche un nouvel orage de colère en suggérant que Robert pourrait leur venir en aide.

Le conflit qui se prépare est bien illustré dans cette confrontation préliminaire entre la mère et la fille. Au bien-être de la famille, dont Germaine se dit garante, Linda voudrait opposer la liberté de faire comme elle l'entend. C'est sans compter que cette liberté se paye d'un lourd tribut dans cette famille. La violence dont témoignent les paroles de Germaine ainsi que les stratégies de persuasion qu'elle emploie ont pour corrolaire un monde où la rancune, la peur et la culpabilité sont la substance même du lien social. Tout cela renvoie à une situation de domination (économique, culturelle, sexuelle). C'est ce que le lecteur entend dans les supplications de Linda et de Germaine. Qui plus est, il entend ce qui en serait la cause première : les hommes. Le refus d'inviter les hommes, serait-ce le jeune Robert, à prendre part à cet événement exprime des sentiments en vérité contradictoires (amour-haine) de la part de Germaine qui n'est pas moins prompte à vanter les charmes du garçon venu ce matin-là livrer les caisses de timbres. L'absence des hommes à cette soirée apparaîtra rapidement au lecteur comme une cause déterminante de la détresse des belles-sœurs.

À la place vide tenue par les hommes au cœur du conflit entre la mère et sa fille, comme bientôt entre voisines, fait écho la question de l'espace. S'il n'y pas de place pour Robert dans la cuisine, c'est d'une part parce que le lieu ne peut accueillir beaucoup de monde, et de l'autre parce que c'est un « party » de femmes. Or ces deux raisons sont liées, comme on le voit, dans la mesure où elles font de la cuisine un espace proprement dramatique, c'est-à-dire qui symbolise un conflit, qui le provoque même. Car la cuisine n'est pas trop petite en soi ; elle le sera si un homme y pénètre et modifie la dynamique des échanges.

Il reste toutefois que cette dynamique n'a guère besoin de l'intervention d'un homme pour être bousculée. Dans les premières répliques de l'exposition, il apparaît clairement au lecteur que le lieu sera un des principaux enjeux de la pièce. Les allusions sont nombreuses qui font état des dimensions réduites de la cuisine depuis l'arrivée de quatre grosses caisses. On imagine ce qu'elles seront une fois que quinze femmes y auront pris place. Par ailleurs, le lieu participe de l'imaginaire qui sous-tend les ambitions de Germaine. Dans le salon adjacent, celle-ci a entrepris des travaux de peinture qui anticipent les transformations qu'elle aura à effectuer, croit-elle, quand ses nouveaux meubles arriveront. Sur le plan de la représentation, la cuisine constitue donc une sorte de prolongement de la psyché de Germaine. Autant cette cuisine, a-t-on dit, permettait d'inscrire la pièce dans une réalité concrète et domestique, voire politique, autant elle apparaît maintenant livrée aux fantasmes d'une ménagère. On comprend les possibilités que cela offre sur le plan théâtral, et scénographique en particulier.

Autant dire que la cuisine figure un espace intérieur. Le sens de ce mot ne doit toutefois pas tromper. Il désigne à la fois le fait que l'action de la pièce se déroule derrière des portes closes et qu'il s'y tient des propos privés qui sont parfois de l'ordre de l'intimité. Cela dit, on notera que l'exposition prend fin avec la sonnerie du téléphone et la conversation (amputée des réponses de l'autre interlocutrice) qui s'ensuit. Ce moment annonce l'arrivée des autres femmes dans la cuisine. Comme une intervention de l'extérieur, la sonnerie crée une rupture dans le déroulement de l'action et permet d'ouvrir la scène sur une certaine forme d'extériorité. Or cette extériorité n'en est pas une véritablement, si on considère que l'espace téléphonique est en fait un prolongement de l'espace clos de la cuisine, en ce sens qu'il suit le canal de communication familial. Plus loin dans la pièce, Germaine explique qu'elle aperçoit sa sœur par la fenêtre de sa cuisine. Tout se passe donc comme si les deux femmes occupaient un même espace mental et social. C'est sans doute la raison pour laquelle Germaine reproche à sa fille d'avoir insulté sa sœur. *Veux-tu ben te taire! D'un coup qu'a t'aurait entendue!* (p. 19).

Examinons maintenant l'ouverture (ou la fermeture) du texte à la réalité du public. *A priori*, l'exposition instaure un régime de fermeture, c'est-à-dire qu'il n'y a aucune adresse directe au public; tout se passe entre les quatre yeux de Germaine et Linda, un (quatrième) mur s'érigeant entre l'action sur scène et la salle. La logique du déroulement de cette scène introductive consiste à créer l'impression, très tôt dans la pièce, qu'il n'y a aucune issue pour les personnages et qu'une fois la porte refermée derrière eux, leur sort sera scellé. L'esprit de sérieux de la scène contribue largement à créer cette atmosphère d'enfermement. Cela tranche avec la suite, qui contient de nombreux éléments de comédie ainsi que des moments où, par les procédés du monologue et du chœur, se desserre un peu l'étau qui étreint les personnages. L'efficacité dramatique de ce segment repose d'ailleurs sur ce contraste. Du point de vue du spectateur, qui jusque-là n'en savait pas plus que les personnages eux-mêmes, les plages comiques subséquentes seront l'occasion d'une mise à distance.

Métaphores structurantes

La pièce peut être vue sous d'autres angles qui permettent de jeter une lumière sur sa structure profonde. Pour ce faire, deux « archi-récits » seront convoqués : le cérémonial de la messe et la métaphore baroque du Théâtre du monde.

Le modèle liturgique trouve son application dans la matière vivante du texte. Faut-il s'en étonner? Le thème religieux imprègne le discours des personnages de Tremblay; pourquoi ne modulerait-il pas aussi la structure profonde de sa pièce? Il touche de fait aux éléments constitutifs du texte : distribution des rôles, disposition de l'espace, nature de l'action. La comparaison passe d'abord par l'analogie des fonctions occupées par Germaine et par le prêtre. Tous deux maîtres du culte, ils convient un groupe de fidèles à venir assister à une cérémonie dont ils sont censés assurer la bonne marche. Encore que « assister » ne soit peut-être pas le bon pour caractériser l'action des voisines. Officiantes, elles ne sont pas de simples spectatrices, mais participent à la cérémonie comme les fidèles au moment de l'eucharistie. Quant à l'espace dramatique, il présente une division conforme aux rôles de chacune. À l'avant-plan, les femmes sont regroupées autour de l'autel (la table de cuisine); à l'arrière, dans l'anti-chambre, sont remisés les « instruments du culte » : timbres, livrets, bols, radio, boissons gazeuses, etc. Germaine, durant tout le premier acte, va et vient d'un lieu à l'autre ; elle est la seule, avec Linda (l'enfant de chœur !), à se rendre dans l'antichambre, comme le prêtre se rend à la sacristie chercher les vases sacrés et ses vêtements sacerdotaux.

La pièce de Tremblay est une expansion dramatique d'un moment clé de la messe : la communion. Communion au Dieu du hasard, à celui du jeu, ou encore à la divine consommation. La métaphore se précise lorsqu'on établit un rapport entre le timbre-prime et l'hostie. L'un et l'autre ne sont pas la chose même, mais des médiations. Germaine doit d'abord coller dans des livrets son million de timbres, tâche impossible selon toute vraisemblance, avant de pouvoir meubler de neuf son appartement. Les timbres impliquent par conséquent une croyance : croyance en leur pouvoir de transsubstantiation, c'est-à-dire en leur capacité à réaliser concrètement l'impossible ; croyance aussi en la possibilité de s'extraire par ce biais de son milieu pourri. Pour Germaine, les timbres-primes confinent à une sorte de solution « miracle ». Ils représentent, comme le suggère Micheline Cambron, *un rétrécissement du domaine de l'échange […] et, surtout, une perte de liberté**. D'où la nécessité d'interpréter cette métaphore religieuse sous l'angle de la dégradation parodique. Germaine a peut-être l'apparence du prêtre, elle n'en a pas le pouvoir ; car très tôt son autorité est mise en doute et défiée par ses semblables. Conséquemment, la messe se détraque. Au deuxième acte, Germaine constate elle-même que l'on trame des *messes basses* (p. 97) derrière son dos. Celles-ci sont présidées par Pierrette, l'Antéchrist, qui précipite l'action vers la catastrophe finale.

Le motif du *Theatrum mundi* se décline aussi sur le mode de la dévalorisation et de la parodie. Rappelons que ce motif appartient à la dramaturgie baroque. Certains y voient même un avatar de la philosophie grecque — pensons à l'exemple des montreurs de marionnettes, cité dans l'allégorie de la caverne, qui illustre bien qu'entre le monde des idées et le monde sensible intervient celui de la représentation (dévalorisé dans la pensée de Platon). Le Théâtre du monde stipule que la vie terrestre serait subordon-

---

* Micheline Cambron, *Une société, un récit. Discours culturel au Québec (1967-1976)*, p. 129.

née à la volonté d'un Être supérieur qui, à la manière d'un metteur en scène, conçoit le monde comme un spectacle auquel les hommes-acteurs prennent part en ignorant tout du subterfuge. Son traitement par les auteurs espagnols du Siècle d'or (Calderón et Lope de Vega) comporte toujours un double cadre : d'abord ce que l'on appelle la pièce-cadre, composée d'acteurs s'apprêtant à jouer une pièce, et ensuite la pièce enchâssée offerte à un spectateur fictif relayant celui qui se trouve dans la salle.

Les Belles-Sœurs s'inspirent de ce modèle : Germaine y joue le rôle du metteur en scène qui essaie d'ordonner le monde selon son désir et son ambition. La cuisine est pour elle un théâtre, une scène où vont bientôt prendre vie ses fantasmes de confort et de consommation. *Ah ! j'te dis* (à sa sœur Rose), *j'vas avoir une vraie belle chambre ! Pour le salon, j'ai un set complet avec le stirio, la tv, le tapis de nylon synthétique, les cadres... Ah ! les vrais beaux cadres !* (p. 20). D'ici là, elle doit se contenter de donner ses instructions. C'est le sens qu'il faut prêter à ces répliques qui visent, à la manière d'indications scéniques directes, à infléchir le cours de l'action. *Remplissez vos livrets, là, hein ?*, dit Germaine à ses invitées, *Y faut qu'y en aie partout !* (p. 36). La division entre pièce-cadre et pièce enchâssée dépend de ces intrusions de la voix de Germaine : celles-ci rappellent au spectateur que tout ce qui se déroule sur scène a été imaginé par elle, que son ambition motive l'action des personnages. Or, on sait par ailleurs que Germaine n'a pas les moyens de ses ambitions. En témoigne le fait qu'elle n'arrive pas à ses fins parce qu'elle ne contrôle pas parfaitement son environnement. Figure dégradée du divin ordonnateur, Germaine présiderait tout au mieux, pour emprunter la même image théâtrale, une répétition sans lendemain.

On peut comparer, sous ce rapport, la pièce de Tremblay à d'autres pièces du répertoire du XXe siècle. Chez Pirandello, le motif du Théâtre du monde apparaît au premier plan et présente le même spectacle de la dissolution de tout principe organisateur. Dans *Six personnages en quête d'auteur,* non seulement l'auteur a-t-il disparu, mais le metteur en scène qui le remplace sur scène avouera son échec à diriger ces personnages. Mais c'est sans doute avec Beckett et la pièce *Fin de partie* que les rapprochements semblent les plus fertiles. Ici, la métaphore passe, comme chez Tremblay, par la dégradation de la figure d'autorité censée organiser le monde selon son désir. Hamm, assis sur son trône au centre de la scène, détient peut-être un pouvoir sur ses proches, mais il en dépend tout autant en raison de sa cécité. À l'exemple de Germaine, on peut dire que Hamm ne verra jamais le spectacle qu'il imagine. Et cette incapacité le conduit à vouloir rejouer sans fin la partie qu'il a engagée avec Clov, partie qui s'affiche d'emblée comme un jeu théâtral.

Application

- Comment interprétez-vous la scène finale ? Mettez-la en parallèle avec la catastrophe de la tragédie classique et le « *deus ex machina* » de la comédie.

- Comment interprétez-vous les derniers mots de la pièce (*Mes timbres! Mes timbres!*, p. 109). Ceux-ci renvoient à une réplique célèbre d'une comédie de Molière. De quelle comédie s'agit-il ?

- Faites l'analyse dramaturgique d'un segment en vous attardant à trois aspects : déroulement de l'action (logique de succession des répliques), rôle de l'espace dramatique, relation avec le public (pacte de représentation).

2 LES THÈMES ET LES MOTIFS

Au regard des changements survenus au Québec dans les années soixante, il semble bien que *Les Belles-Sœurs* aient joué un certain rôle. Celui-ci n'a rien à voir avec ce qu'on nomme couramment les grandes réalisations de la Révolution tranquille qui se sont effectuées sur les fronts économique, social et politique. Tout au plus la pièce de Tremblay a-t-elle été un révélateur de ces changements. Le champ d'intervention du théâtre a plutôt été celui des idéologies, au sens large du mot, c'est-à-dire tout ce qui renvoie à la définition de la culture et à la perception que les Québécois avaient d'eux-mêmes.

Comme d'autres œuvres littéraires ou artistiques, la pièce de Tremblay a provoqué une mise à distance des représentations les plus communes que la société avait d'elle-même et qui constituaient jusqu'alors le socle du consensus social. Ce qui la distingue toutefois, c'est peut-être qu'elle l'a fait en traitant directement de cette question dans le contenu thématique qu'elle livrait au spectateur vivant de près les bouleversements de cette époque. Quel conflit oppose en effet Germaine à ses voisines, si ce n'est celui qui résulte de ce qu'elle menace de n'être plus comme les autres, de rompre la continuité lisse de cet univers familier et ressemblant?

Pour mieux répondre à cette interrogation, on a fait appel aux notions de « culture première » et de « culture seconde » élaborées par le sociologue Fernand Dumont dans son essai *Le Lieu de l'homme*.

La culture première

La culture première trace l'horizon immédiat de la collectivité. Dans *Les Belles-Sœurs* plusieurs aspects de la réalité se présentent comme des évidences, et parmi elles la religion loge au premier rang. Le mot lui-même, en vertu de son étymologie (de « *religare* » : « relier »), résume le thème : les belles-sœurs font corps au moyen de leurs pratiques et croyances religieuses. Les incidents sont nombreux dans la pièce, qui illustrent leur commune piété : la scène du chapelet (p. 31), l'« ode au bingo » (p. 86), la condamnation de Pierrette et d'Angéline (p. 77-80). Mais surtout, leur conversation témoigne du fait que cette référence semble pour tout le monde un « fait indiscutable ». Il y a bien à l'occasion quelques échanges animés sur la question, par exemple lorsqu'il s'agit de poser un jugement sur le nouveau curé de la paroisse (p. 84), mais de tels différends, qui n'en sont pas vraiment, ne font que renforcer l'adhésion générale au système de pensée et de représentation de l'Église.

La consommation se présente comme l'autre lieu commun de la pièce. L'énumération par Germaine, dans la scène d'exposition, des objets dont elle souhaite garnir sa maison donne d'ailleurs le ton à l'ensemble. *Oui*, dit Germaine à sa sœur Rose, *j'vas toute prendre ça... J'vas avoir un set de chambre style colonial au grand complet avec accessoires. Des rideaux, des dessus de bureau, une affaire pour mettre à terre à côté du litte, d'la tapisserie neuve...* (p. 20). Au fil de l'action, les signes de la société de consommation prolifèrent, s'accumulent : Olivine réclame son Coke, Des-Neiges raconte les visites de son voyageur de commerce, Lisette de Courval cherche à vendre son étole de vison. Bref, l'horizon quotidien, immédiat, de ces femmes et les valeurs qui le sous-tendent ne laissent aucun doute sur le fait qu'elles partagent les mêmes aspirations matérielles. C'est du reste ce qui provoque entre elles un conflit. La jalousie de Marie-Ange Brouillette (p. 21) et des autres trouve son fondement dans un système de valeurs commun qui les pousse à convoiter le même objet, ici désigné (dérisoirement) par les timbres-primes.

De la religion à la consommation donc, nulle rupture, plutôt une continuité. L'affirmation peut paraître surprenante si l'on considère qu'historiquement la société religieuse s'est présentée comme un rempart face à l'envahissement de la société de consommation. Tremblay ne l'ignore pas, mais il parvient néanmoins à relier les deux mondes par un fil, celui du consensus social qui inscrit les colleuses du Plateau Mont-Royal au cœur d'un univers de ressemblance. L'« ode au bingo » fait la jonction des deux thèmes et des deux mondes. Moment fort de la pièce, cette parenthèse comique n'est pas seulement l'expression d'une dégradation de la référence religieuse, mais le lieu symbolique d'une confusion des valeurs telle que l'ont vécue les Québécois durant les années soixante.

Le bingo : la confusion des valeurs

Lisons la troisième didascalie de l'« ode au bingo » : *Pendant que Rose, Germaine, Gabrielle, Thérèse et Marie-Ange récitent « l'ode au bingo », les quatre autres femmes crient des numéros de bingo en contrepoint, d'une façon très rythmée* (p. 86). Par son choix de mots, l'auteur nimbe l'expérience du bingo d'une aura de mystère qui tient à la fois à son fonctionnement et à l'investissement émotif des joueuses. Ces mots sont réunis par ailleurs sous le motif de la musique : « ode », « récitent », « contrepoint », « rythmée ». Ce choix n'est pas anodin. La récitation et le contrepoint appartiennent au vocabulaire de la musique classique d'inspiration religieuse. Quant à l'ode, genre littéraire noble par excellence, elle correspond, en dépit de l'usage parodique qui en est fait, à la dimension lyrique de la partition. Enfin, la forme contrapuntique que prend ce récitatif n'a d'autre référence que la prière chantée (le psaume) où se conjuguent les voix divines et terrestres. *Là, c'est ben simple, j'viens folle ! Mon Dieu, que c'est donc excitant, c't'affaire-là ! Chus toute à l'envers, j'ai chaud, j'comprends les numéros de travers [...]* (p. 87). Dans ce passage, en somme, musique et sacré vont de pair.

L'invocation à Dieu, dans l'extrait cité, donne la mesure de l'expérience « mystique » du bingo. Ou devrait-on parler plutôt d'expérience mystifiante ? Ces femmes participent religieusement à ce jeu, et ce dans tous les sens du terme. Elles y vont régulièrement (*Presque toutes les mois, on en prépare un dans' paroisse !* [p. 86]) et s'y investissent « corps et âme ». Et pourquoi ? *Moé*, disent en chœur les neuf femmes, *y'a rien au monde que j'aime plus que le bingo. C'est donc de valeur qu'y'en aye pas plus souvent ! J's'rais tellement plus heureuse ! Vive les chiens de plâtre ! Vive les lampes torchères ! Vive le bingo !* (p. 87). Tout indique que la religion du bingo offre à son tour des icônes à l'adoration des croyants. C'est là le premier élément de la comparaison. Mais il est clair aussi que l'objet de désir de ces femmes, que ce soit un petit chien ou un petit jésus de plâtre, n'est que l'expression sublimée d'un objet caché parce qu'interdit.

On devine par là que le sexe cimente, dans l'« ode au bingo », la religion et la consommation. Sur ce plan, on a vu que les belles-sœurs étaient en net déficit, soit en raison de l'absence des maris (Des-Neiges Verrette — *J'laisse jamais rentrer d'homme dans la maison!* [p. 52]), partis au travail ou réfugiés à la taverne, soit au contraire parce qu'elles leur résistent, telle Rose Ouimet qui dit son dégoût de la sexualité pour conjurer les démons qui l'habitent (p. 101). C'est pourquoi certaines d'entre elles investissent ailleurs leur désir. Ailleurs, c'est-à-dire là où s'organisent les bingos. Ce peut être le salon, la cuisine, voire la chambre à coucher… Les femmes s'y sentent transformées, libérées, et c'est pourquoi, une fois sur place, elles s'empressent de se mettre à leur aise : *Quand on arrive*, récite un chœur de quatre femmes, *on se déshabille* (p. 86). Leur excitation au jeu est palpable à la lecture du passage où elle elles décrivent l'émotion éprouvée à l'écoute des numéros : *Chus toute à l'envers, j'ai chaud, j'comprends les numéros de travers, j'mets mes pitounes à mauvaise place, j'fais répéter celle qui crie les numéros, chus dans toutes mes états!* (p. 87). Ces « états », comme elles disent, sont très proches de l'excitation sexuelle. Il y a là, comme dans le récitatif des psaumes, une charge qui ébranle les sens de celles qui sont « prises » dans le tourbillon des paroles ou des chiffres, et qui plonge chacune dans un état de transe. Dans le cadre de la messe, on sait pourtant que l'expression des pulsions est canalisée vers un objet sublime (Dieu) qui en détourne les effets pour mieux les contenir. En serait-il de même, suggère Tremblay, quant à la fonction sociale et idéologique de la consommation ?

La culture seconde

La première didascalie de l'« ode au bingo » dit pourtant que le consensus sur lequel repose la société des belles-sœurs est menacé parce qu'il est fondé sur un principe d'exclusion (la didascalie se lit ainsi : LES AUTRES FEMMES — *moins les quatre jeunes* [p. 86]), principe qui opère à tous les niveaux des relations sociales. Il suffit de citer le cas de la langue, donnée d'emblée comme un horizon commun (par le joual) pour voir en effet que l'édifice social se lézarde de toutes parts. Lisette de Courval a compris qu'elle ne pouvait se distinguer qu'« en perlant bien » ! Son ambition est de se détacher du groupe, et il n'est pas étonnant qu'elle le fasse par le biais de la langue, qui constitue le vecteur principal de la culture première. Car la langue conduit à la culture seconde quand, hors du cercle de la famille et de la langue maternelle, son usage requiert un autre savoir que celui transmis par héritage. Ce savoir cause, au sein de la société des belles-sœurs, des déchirements ; c'est lui qui brise le consensus.

L'idée de savoir recouvre ce qui, dans la pièce, relève de la culture et de la connaissance. Outre le fait de bien parler, toute manifestation d'intérêt à l'égard de ce qui n'est pas dans l'horizon culturel immédiat de la famille éveille des soupçons. Voici comment Gabrielle Jodoin, par exemple, parle de son fils Raymond : *C'est pus vivable, chez nous ! Depuis qu'y'a commencé son cours classique, là, mon p'tit Raymond, y'a changé, c'est ben effrayant ! On le r'connaît pus ! Y lève quasiment le nez sur nous autres ! V'la rendu qu'y nous parle latin à table ! Y nous fait jouer d'la musique, à part ça, mes chers enfants, que c'est pas écoutable ! Du classique à cœur de jour !* (p. 36). Dans ce récit, deux mondes (le « nous » contre le « y ») s'opposent ou, pour être plus juste, l'un des deux « prend ses distances » et par là menace l'autre. Tremblay décrit ici un milieu où la culture n'est pas un préalable à la socialisation ; elle se poserait plutôt comme une déviation qui conduit à la marginalité et ultimement à la folie. *Raymond nous dit*, poursuit Gabrielle Jodoin, *que c'est parce qu'on comprend rien ! J'sais pas c'qu'on peut comprendre là-dedans !* (p. 36).

Les allusions à la culture comme source de division sont nombreuses. Il n'y a qu'à penser aux « vues françaises » que Rose Ouimet accuse d'être *trop réaliste[s]* (p. 101). Le thème se prolonge dans le dénigrement généralisé de l'Europe. Même Lisette, qui pourtant a fait le « voyage », n'échappe pas au préjugé populaire : *La pudeur, y connaissent pas ça, les Uropéens ! Vous avez qu'à regarder les films, à la télévision ! C'est ben effrayant ! [...] C'est dans eux-autres, ils sont faits comme ça ! Vous avez rien qu'à guetter la fille de l'Italienne quand elle reçoit ses chums...* (p. 28). Faire le vrai « voyage », dans ces conditions, impliquerait un déplacement hors de l'espace de familiarité de la cuisine où circulent les mêmes paroles, les mêmes banalités, et où l'on érige en vérité générale ce qui appartient au domaine de l'anecdote et du particulier. Ce n'est pas un hasard si le voyage revient sans cesse dans la conversation de ces femmes. L'une évoque le voyage d'un parent ou d'un proche, l'autre celui qu'elle voudrait faire. Ce sont des rêves d'évasion, des voyages par procuration qui témoignent qu'autour d'elles la société s'ouvre au monde pendant qu'elles font du sur-place, incapables de répondre à l'appel de l'ailleurs.

Échec de l'exil

Il y en a bien quelques-unes qui réussissent à sortir de l'enclos familial. Pierrette et Angéline sont de celles-là. Mais à quel prix ? L'exil de Pierrette n'est pas une histoire moins triste que celle que se racontent les autres femmes. *Quand chus partie de chez nous,* confie-t-elle au spectateur, *j'étais en amour par-dessus la tête, J'voyais pus clair. Y'avait rien que Johnny qui comptait pour moé. Y m'a faite pardre dix ans de ma vie, le crisse !* (p. 94). La trajectoire de Pierrette dessine un mouvement circulaire qui n'est pas différent de celui que trace la pièce elle-même. Angéline fait à son tour l'expérience de l'exil, chassée par son amie Rhéauna qui n'accepte pas qu'elle fréquente les « clubs », et revient peu après pour se réconcilier, mais non sans avoir payé au préalable une visite à son confesseur. Ainsi l'histoire personnelle de ces deux femmes recoupe le récit dramatique global : le milieu naturel exerce sur elles une emprise telle que toute velléité de rupture sera fatalement sanctionnée ou conduira à l'échec.

Du côté des plus jeunes, il n'est pas sûr qu'il y ait beaucoup plus d'espoir. Linda, qui menaçait au début de quitter les lieux, finit par se ranger. Quant à Lise Paquette, un malheureux concours de circonstances l'entraîne dans le cercle infernal de la pauvreté et de la marginalité. Elle a beau protester, son histoire se confond avec celle de Pierrette. Toutes deux incarnent l'incapacité d'une société à s'affranchir de l'identité que lui lègue son passé. Comment rompre avec cet héritage ? La pièce, à l'exemple de la société des années soixante, offre diverses solutions. L'argent en est une, mais il n'est pas donné à tous d'en avoir. Il y a aussi la culture (l'éducation), mais on a vu quelle menace elle fait peser sur la société. La culture introduit un écart entre l'individu et la famille. Les belles-sœurs, jeunes et vieilles, ne s'y abandonnent pas facilement ; elles refusent de prendre cette « distance intérieure », et sont donc condamnées à subir la banalité des jours, à répéter les mêmes phrases, à rester aveugles aux causes de leur état.

Application

- Analysez la séquence que Tremblay élabore autour du thème des jeux de société. Voyez comment ce thème se développe dans le détail de la conversation. Ébauchez certaines hypothèses quant à l'éclairage que jette ce thème sur l'ensemble de l'œuvre. Début de la séquence : LISETTE DE COURVAL — *J'ai découvert la charade mystérieuse dans le* Châtelaine, *le mois dernier...* (p. 43). Fin de la séquence : THÉRÈSE DUBUC (en regardant Germaine) — *J'ai-tu l'air de quequ'un qui a déjà gagné quequ'chose ?* (p. 47).

- La sexualité est un thème central des *Belles-Sœurs*. Indiquez les allusions directes ou voilées à ce sujet et voyez comment elles s'insèrent dans la dynamique générale des relations entre les personnages.

- Analysez le motif de l'oiseau en cage dans le récit-monologue de Rose Ouimet (p. 36-39).

Le conflit dramatique des *Belles-Sœurs* oppose la collectivité à l'individu. Il se manifeste à travers l'action comme dans le matériau formel de la pièce. La scène d'exposition montre bien les tenants et les aboutissants de ce conflit : Linda veut se soustraire à l'emprise de sa mère qui, au nom du bien familial, exige qu'elle participe à cette séance dérisoire de collage de timbres. L'action de la jeune fille trouvera un écho dans toutes celles qui, au cours de cette soirée, viendront mettre en péril l'unité apparente du groupe. On peut en effet comprendre la composition générale de la pièce comme une succession de tentatives avortées de la part d'individus voulant échapper à cette prison domestique. Chaque femme occupe d'ailleurs ce rôle à un moment ou l'autre. Germaine, la première, caresse l'ambition de s'élever au-dessus de sa condition. Ses consœurs le lui feront payer cher en la privant du moyen par lequel elle pense pouvoir y arriver : ses timbres-primes.

Mais il ne s'agit là que du premier plan de l'action. Aux actions physiques s'ajoutent, au théâtre, les actions verbales, et c'est là aussi et même de manière plus spectaculaire que se mesure l'ampleur du conflit. Les pages qui suivent proposent d'examiner la dynamique des actions verbales dans *Les Belles-Sœurs*. Celles-ci se présentent suivant trois modalités : le dialogue, le monologue, le chœur. L'objectif est de comprendre comment leur interaction participe, autant que les grandes articulations de la fable, à l'illustration du conflit dramatique.

Qu'est-ce que le dialogue ?

Le dialogue a été, depuis Aristote *(La Poétique)*, la matière première du théâtre et donc celle de la *mimêsis*, définie comme ce pouvoir de reproduire sur scène la matière et le mouvement de la vie. Avec Hegel *(Esthétique)*, le dialogue demeure primordial en ce qu'il est la matrice du drame qui met en scène le choc de deux consciences ou de deux forces agissantes.

Or il semble bien que ce drame soit entré dans une période de crise. Depuis Tchekhov, Ibsen et Strindberg, la « poésie dramatique » a été largement contaminée par le modèle épique — où il s'agit de raconter l'événement au lieu de le montrer —, qui fragilise son axe dialogique central. Michel Tremblay s'inscrit dans cette mouvance ; on peut même se risquer à dire que sa pièce se compare à des œuvres (de Ionesco et de Beckett) qui ont pris sur cette question des positions extrêmes. Dégagée du cadre du dialogue, la parole y prolifère, y circule comme une énorme masse d'air qui se comprime et se dilate dans l'espace variable de la cuisine.

Le dialogue chez Tremblay

À l'usage traditionnel du dialogue, codifié par la dramaturgie classique, Tremblay préfère un modèle d'interaction qui s'ajuste à la réalité de ses personnages. Ainsi au lieu de dialogue, on parlera dans *Les Belles-Sœurs* de conversation ou de bavardage. La différence est de taille. Alors que le dialogue contribue à faire progresser l'action dramatique et signale, chez ceux qui prennent la parole, une volonté d'accomplir leur destin, le bavardage représente l'impuissance d'agir des personnages et le caractère statique de l'action dramatique. Ce qui ne veut pas dire que le bavardage n'a pas de fonctions précises. Trois apparaissent clairement dans l'œuvre : créer un espace d'interaction, délimiter les frontières du groupe, produire de l'exclusion.

Fonctions du bavardage

Le bavardage ne saurait exercer sur la situation dramatique le même pouvoir de structuration que le dialogue ; il n'empêche qu'il se déroule dans un lieu (la cuisine) qui fournit un ancrage aux personnages et à leur discours. Il est significatif que le bavardage des belles-sœurs implique plus de deux interlocutrices ; la multiplicité des voix n'est pas la cause de la tension dramatique, elle permet néanmoins d'expliquer pourquoi les situations de conflit ne débouchent sur aucune action individuelle concrète. De fait, le bavardage dissout les individualités dans un désordre de paroles qui disent sans cesse les mêmes choses et se tiennent irrémédiablement en deçà de l'action et du sens.

On ne saurait toutefois ignorer que le fait de parler postule pour toutes les femmes un espace commun. La conversation essaie malgré tout de préserver cette connivence, de garder intactes les frontières que délimitent les paroles ; et cela elle le fait en réactivant par la langue une série de lieux communs, lieux de langage surtout (thèmes, expressions figées), qui dessinent un espace de familiarité. Mais qui dit familiarité dit aussi altérité. À la base de toute connivence se trouve la reconnaissance d'une extériorité, identifiée en creux dans les échanges verbaux par une parole étrangère (Lisette de Courval parle « à la française ») ou absente (l'Italienne du quartier [p. 28] n'est pas là pour répliquer) contre laquelle se défend le corps social.

Le lien de parole

La société des belles-sœurs est constituée par les liens que fonde leur appartenance obligatoire et réciproque à une « famille imaginaire ». Sur la scène de la cuisine de Germaine, ces liens prennent vie au moyen de la parole, c'est-à-dire que chaque réplique dans la pièce réactive la relation de l'individu avec le groupe. En termes plus théoriques, on parlera de fonction phatique du langage, repérable dans le mouvement constant des échanges de paroles : peu importe l'objet du discours, le fait de parler a pour but le plus souvent de maintenir le contact et par là de conserver son rang. Par contraste, certaines scènes montrent des situations où le groupe menace de se disloquer mais parvient à se maintenir au prix d'un déni de parole. C'est le cas lorsque Germaine, dans la scène d'exposition, répond à Linda qu'elle n'écoutera plus ce qu'elle a à lui dire. Cette stratégie élocutoire est reprise plus tard par Rhéauna Bideau à l'endroit de sa meilleure amie Angéline, qui a eu le malheur de fréquenter un de ces bars honnis de la « Main ». Dans les deux cas, le déni de parole introduit une distance qui préfigure la rupture du lien social.

On comprend, dans les circonstances, pourquoi Linda cède aux arguments de sa mère et renonce à sa soirée en ville. Quant à Angéline, la surdité de Rhéauna l'entraîne vers le monologue, refuge de ceux que l'on ne veut pas entendre et à qui l'on ne souhaite pas parler. Il faut citer enfin le cas exemplaire d'Olivine Dubuc, belle-mère de Thérèse Dubuc, qui ne dit mot de toute la pièce (sauf pour réclamer son Coke) et qui donc se tient à la marge de l'action comme de la communauté des femmes. Son silence de plomb symbolise celui que l'on impose dans ce monde à toute altérité ; elle est la mort que porte en elle cette communauté, mais sur laquelle pèse le plus grand silence.

Qu'est-ce que le monologue ?

Le monologue a longtemps été un objet de suspicion au théâtre. Déjà Aristote y voyait le signe de l'intrusion de l'épique dans le dramatique. Quant aux théoriciens français du classicisme, ils ne le toléreront qu'à condition de pouvoir le soumettre aux prescriptions de l'unité d'action qui interdit à l'acteur de s'adresser au public, si bien que son usage a souvent nécessité des compromis et des contorsions stylistiques. L'avènement du confident dans la tragédie racinienne, par exemple, à qui est destinée la tirade du prince, s'explique par un dialogisme de façade nécessaire afin de respecter le principe de vraisemblance. La crise de la forme dramatique a depuis ouvert la voie à une généralisation du monologue et du principe épique. L'usage qu'en fait Tremblay témoigne de cette ouverture qui veut faire entendre l'impossibilité historique du dialogue. L'auteur québécois rejoint sur ce plan la dramaturgie brechtienne, qui repose sur une alternance de narration et de dialogue. Mais il affirme aussi par là sa fidélité à une tradition orale qui remonte, au Québec, au temps des veillées hivernales où la communauté se ressoudait autour d'une parole. *Cette tradition, écrit Laurent Mailhot, doit [...] être reliée à certains aspects de notre géographie et de notre histoire ; l'isolement des rangs et des fermes, la rigueur de l'hiver... Les temps faibles et monotones étaient ici brusquement coupés par des temps forts, des fêtes, aussi rares que violents. La parole éclatait soudain après des jours, des mois de solitude et de silence*[*].

Fonctions du monologue

Les fonctions du monologue sont multiples et participent à l'expression du conflit dramatique. Il est d'abord et avant tout l'expression de l'individu,

---

[*] Laurent Mailhot, « Le monologue québécois », *Canadian Literature*, n° 53, p. 35.

et ensuite le signe discursif de son exclusion, momentanée ou permanente, du groupe et, par conséquent, du cadre de l'action. Voilà qui implique obligatoirement l'adoption d'un ton particulier ainsi que de thèmes appropriés. L'individu y exprime en solitaire sa rage, sa frustration ; il dit à un interlocuteur absent, ou à lui-même, ce qu'il ne peut dire aux autres, d'où l'impression récurrente d'un débordement de la pensée qui ne conduit jamais qu'à l'enfermement du sujet dans son propre monde, et à sa marginalisation.

Au monologue dans *Les Belles-Sœurs* se greffe le joual, symbole idiomatique de la pauvreté morale et intellectuelle de ces femmes. Cet ingrédient sert à marquer les limites à la volonté d'affranchissement par le monologue. Quand Lisette de Courval dit au spectateur avoir rompu avec ce milieu, son discours « régresse » au niveau du joual comme si celui-ci révélait sa nature profonde. *On se croirait dans une basse-cour ! Léopold m'avait dit de ne pas venir ici, aussi ! Ces gens-là sont* pus *de notre monde !* (p. 59). Chaque monologue est annoncé par une indication d'éclairage qui introduit une rupture dans le fil de l'action. À ces moments de rupture sont liées les tentatives de se soustraire à la loi du groupe. Par l'alternance de la conversation et du monologue, Tremblay montre bien le conflit qui oppose la communauté à l'individu.

Trois monologues

Il importe de préciser la diversité des usages du monologue dans cette pièce. On peut établir un classement suivant deux principes : d'abord selon le degré d'ouverture (ou de fermeture) du discours prononcé, ensuite selon le degré de présence (ou d'absence) de l'interlocuteur.

Le premier cas témoigne du fait que le monologue résulte d'un dysfonctionnement du dialogue. Germaine raconte en ouverture comment elle a gagné tous ces timbres et ce qu'elle veut en faire. Son discours n'est pas monologue au sens strict, car il s'adresse à sa sœur Rose, absente physiquement de la scène, mais avec qui elle communique par téléphone (p. 19-21). Pour le spectateur (ou le lecteur), seules importent les paroles de Germaine ; il n'a pas accès aux questions et réponses de Rose. Du reste celles-ci semblent avoir peu d'effet sur le récit de Germaine. Il y a bien ici et là quelques marques d'interaction verbale *(Hein ?, Oui, à vient, à soir, Oui, y m'ont donné un cataloye, avec)* mais on ne sent pas qu'elles infléchissent le cours du récit, car aussitôt sa réponse terminée, Germaine reprend, là où elle l'avait interrompu, le fil de son discours : *Y'a un rasoir électrique pour Henri pour se raser, des rideaux de douche… Quoi ? Ben, on va en faire poser une, y'en donnent avec les timbres ! Un bain tombeau, un lavier neuf…* Bref, Germaine emprisonne son interlocutrice dans les rets de sa pensée. Tout se passe comme si elle se parlait à elle-même. Les modèles de ce monologue-réplique sont nombreux ; pensons à Hamlet parlant au spectre, et au héros claudelien s'adressant à Dieu. Si l'on parle dans ce cas de monologue, c'est que l'écriture ne suit pas un des principes fondamentaux du dialogue : la réversibilité de la communication.

Le deuxième cas met toujours en cause l'impossibilité de l'échange verbal. Pierrette Guérin et Lise Paquette monologuent l'une à la suite de l'autre dans une sorte de contrepoint musical où s'entrelacent deux destins, deux récits, deux chants que l'action sur scène a cependant séparés. Nulle n'a de véritable interlocuteur, sinon elle-même. Et pourtant, par un jeu d'échos parvient à se développer entre elles — ou, si on préfère, au-dessus d'elles — un échange que perçoit bien le spectateur :

> PIERRETTE — […] J'le sais pas c'que j'vas devenir, j'le sais pas pantoute !
>
> LISE *(à l'autre bout de la cuisine)* — J'le sais pas c'que j'vas devenir, j'le sais pas pantoute ! (p. 94).

Appelons ce procédé le monologue croisé. L'emploi qu'en fait Michel Tremblay rappelle plusieurs auteurs. On n'a qu'à penser à Tchekhov, où les personnages se parlent à distance, comme s'ils ne disposaient plus d'un espace commun. Ce qu'ils disent n'est pas moins inséré dans un ensemble significatif pour le spectateur dont le point de vue surplombe l'action. Outre le dramaturge russe, on peut évoquer le théâtre classique en vers, où des personnages, séparés dans la situation immédiate de communication, peuvent se rejoindre grâce à un système d'échos sonores et thématiques. Si dans *Les Belles-Sœurs* Tremblay use modérément de ce procédé, dans *Albertine, en cinq temps* (1984), il en fera la pierre angulaire de son écriture.

Le dernier cas, à l'inverse du précédent, ressemble à une sorte de « monologue de sourds ». Lorsque Yvette Longpré raconte que sa fille lui a remis une partie de son gâteau de noces à son retour de voyage, non seulement elle interrompt la marche du dialogue, mais elle s'en dissocie également sur le plan du contenu. Isolée, Yvette raconte une histoire qui ne concerne pas les autres. Il s'agit d'une description, celle d'un gâteau dont elle a reçu le premier étage en cadeau. La banalité, voire l'absurdité de la situation sautent aux yeux. Ce monologue traduit le repli du sujet sur lui-même ainsi que son caractère obsessionnel. Yvette Longpré est, rappelons-le, celle-là même qui, un instant plus tôt, avait posé, par deux fois, cette question à Rose Ouimet : *Pis, avez-vous déjà gagné quelqu'chose, toujours ?* (p. 44). Son enfermement se résume enfin dans l'image de la cloche de verre recouvrant le gâteau et qu'elle dit avoir percée d'un trou avec un couteau pour ne pas *qu'y pourisse* (p. 46).

Ces trois formes de monologues manifestent à des degrés divers l'isolement de ces femmes. D'autres exemples permettraient de préciser l'analyse, mais un principe général semble se dégager : bien que le monologue signale un décrochage de l'action, il n'est en rien un gage d'émancipation de la part du personnage. Bien au contraire, il démontre que son territoire mental épouse les dimensions étroites de la cuisine.

Qu'est-ce que le chœur ?

Après le monologue, le chœur est le second procédé dramatique que Tremblay emprunte à la dramaturgie brechtienne. Mais il est évident qu'on y voit aussi une référence à la tragédie antique qui se manifeste par ailleurs dans la structure générale de l'œuvre. Or cette référence ne s'exprime pas moins sous la forme d'un paradoxe. Le chœur n'est pas qu'un segment chanté de la tragédie grecque ; il représente le public appelé à commenter et à juger la situation dramatique. Ce qui n'est évidemment pas le cas dans *Les Belles-Sœurs*, où le chœur renferme la voix de celles qui font partie de l'action. Impossible, pour elles, de juger ou de commenter leur situation. Le chœur des belles-sœurs apparaît ainsi aux antipodes de l'assemblée de citoyens qui, chez les Grecs, exerçait, pour le compte de la Cité, son jugement à l'égard des personnages de la tragédie. L'emprunt à ce genre noble aurait donc une fonction résolument parodique. Pour résoudre le paradoxe, il faut sans doute se tourner vers Brecht, théoricien de la distanciation ; car si le chœur ne représente pas le public, comme à Athènes, sa voix introduit tout de même un écart entre l'acteur et son personnage (la distanciation) qui fait en sorte de déléguer au public, le vrai, la responsabilité de juger.

Le chœur: expression de l'unité du groupe

Comment saisir le fonctionnement du chœur en regard du conflit dramatique des *Belles-Sœurs* ? On partira de l'hypothèse que le chœur exprime à la fois l'unité et la division du groupe, qu'il est tantôt la voix de la collectivité, tantôt celle de l'individu. Pour le démontrer, l'analyse portera sur quatre aspects du discours choral : l'objet (thème, contenu), le temps, l'espace, les modalités de l'expression chorale. Le segment étudié se trouve à la page 22. Il s'agit du chœur de la « maudite vie plate ».

Dans le feu de l'action dramatique, faite de bavardage et de monologues divers, le chant choral assure une dynamique où convergent les esprits et les corps. S'il y a parole collective, c'est bien entendu que toutes et chacune parlent ici de la même chose, en même temps, dans le même lieu et sur le même mode. De quoi s'agit-il dans ce premier chœur ? De la vie domestique des belles-sœurs : lever au petit matin, déjeuner pour le mari et les enfants, tâches ménagères pendant la journée. Ces femmes parlent ensemble de leur commune expérience de la vie domestique. La représentation du temps qui se dégage de leur récit accentue certes l'impression d'unité, si ce n'est de fermeture, qui caractérise cette vie. Dans le premier segment, l'unité est garantie par la journée ; dans le deuxième, elle s'étend aux dimensions d'une semaine.

Dans ces deux cas, le temps a, pour ces femmes, l'apparence d'une prison que redouble évidemment la nature répétitive des tâches qu'elles décrivent au moyen d'énoncés empruntant le mode de l'énumération. Cette vie plate se déroule par ailleurs dans un seul et même espace, la cuisine, qui, d'une femme à l'autre, se ressemble et connote l'enfermement. On ajoutera que, sur scène, l'exécution du chœur implique un resserrement des actrices, faisant face au public. Enfin, cette parole collective utilise un même code langagier, le joual, qui confine les femmes à la seule sphère (domestique, privée) où il est compris et accepté.

Le chœur : expression de la division du groupe

Mais ce concert n'est pas unanime. Il est à l'image de la pièce dans son ensemble, c'est-à-dire grevé par des voix dissidentes qui sont comme des fissures dans le mur de la prison. La première est celle de Lisette de Courval, dont la réplique en tête de ce passage introduit une fausse note qui va grandir et ultimement faire s'échouer le chœur sur les rives d'un ailleurs : *Moi, quand je suis t'allée en Urope…* (p. 24). Cette voix ne semble pas occuper le même lieu que les autres ni le même temps : alors que la plupart des femmes pataugent dans la quotidienneté et restent confinées à l'espace de la cuisine, Lisette s'échappe et investit une temporalité idyllique qui accuse l'excentricité de sa position : *Dès que le soleil a commencé à caresser de ses rayons les petites fleurs dans les champs […]* (p. 23).

La différenciation langagière alimente aussi cette impression générale. Lisette parle non seulement « à la française », mais le lyrisme qui emporte ses paroles tranche avec le mouvement saccadé et le prosaïsme du chœur. Mais la Courval n'est pas seule à inscrire sa dissidence. Marie-Ange Brouillette rompt à son tour l'unanimité du chœur en disant : *Pas le mien, y'est chômeur. Y reste couché* (p. 23). Le sens de cette réplique ne fait cependant pas de doute : au lieu d'un désaccord, cette parole noircit l'image déjà sombre de la vie de ces femmes. Marie-Ange fait partie, corps et biens, du groupe, ce que signale le texte didascalique qui l'inclut dans le dernier segment du chœur alors qu'en est exclue Lisette.

Le chœur : voix collective de la solitude

Ce dernier élément mérite d'être souligné. Le chœur recouvre tantôt cinq, tantôt quatre voix. À l'instar de la dialectique observée dans l'entrelacement des dialogues et des monologues, le chœur porte donc en lui le conflit dramatique opposant individu et collectivité, mais encore il l'énonce sous la forme d'un paradoxe grammatical que la suite du texte ne semble pas en mesure de résoudre ou de dépasser. Tout un jeu se construit en effet autour du pronom personnel censé désigné le locuteur choral. Celui-ci est une collectivité, donc appellerait normalement un « nous » ; or c'est bien un « je » qui parle ici : *J'me lève, pis j'prépare le déjeuner !* (p. 23). Un « je » toutefois circonscrit par une fonction sociale, celle de mère ou de ménagère, qui réduit d'autant l'expression de la subjectivité.

Le portrait que trace le chœur de la vie de famille ne dit pas autre chose. Une fois le mari et les enfants partis, la mère reste seule avec elle-même ; elle offre l'image d'une « exilée de l'intérieur » qui travaille à maintenir intacte la structure qui l'opprime (*J'travaille, j'travaille, j'travaille* [p. 24]). On notera combien ce paradoxe résulte de la situation historique dans laquelle s'inscrit la pièce. Si conflit il y a entre l'individu et le groupe, même s'il paraît indépassable pour Tremblay, c'est que la société réelle entre elle-même dans une période de transition. L'ailleurs que ne revendiquent pas encore les personnages, mais que leur drame appelle, se trouve déjà dans la salle. L'interlocuteur absent de ces femmes, c'est bien entendu le public.

Salle et scène en rupture

Les propos précédents invitent à considérer enfin le texte sous l'angle de la représentation. Le conflit dramatique s'exprime là également, c'est-à-dire dans le type de relation qu'instaure Tremblay avec le public au moyen de certains procédés, et qui reconduit la dualité individu/collectivité. En l'occurrence, il s'agit de la collectivité que forment les spectateurs et les acteurs, en tant que microcosme de la société globale du Québec. Au fil du déroulement de la pièce, pendant que l'unité du groupe des belles-sœurs apparaît constamment menacée par la dissidence des unes et des autres, a lieu une autre rupture, celle de la société québécoise elle-même que la représentation divise désormais en deux entités distinctes : d'un côté les belles-sœurs, condamnées à l'horizon de leur cuisine et de leur misérable vie ; de l'autre le public, assis dans son fauteuil comme dans le confort idéologique que lui inspirent alors les progrès manifestes de l'époque.

Rappelons que Tremblay n'avait pas fait que des heureux à l'époque de la création de la pièce (1968) : elle avait suscité plusieurs controverses, du fait qu'elle n'offrait pas de la société une image très flatteuse. Celle-ci allait à l'encontre du discours euphorique de prospérité et d'abondance véhiculé par les chantres de la Révolution tranquille. *Les Belles-Sœurs* se dérobaient ainsi à la fonction habituellement dévolue à la dramaturgie réaliste et au drame psychologique en particulier, qui est de constituer, au-delà du conflit, un « lieu commun » propre à la réconciliation des spectateurs avec eux-mêmes. Cette pièce, au contraire, construisait un *lieu manifeste de différences**, en ce qu'elle exhibait les fractures du corps social qu'avait engendrées la période de l'après-guerre. Les réactions violentes de certains s'expliqueraient en outre par le fait que la représentation elle-même, au moyen d'adresses directes au public, en appelait à l'action des spectateurs, seuls capables de dépasser l'horizon tragique de ces femmes.

---

* Gilbert David et Pierre Lavoie (dir.), *Le Monde de Michel Tremblay. Des* Belles-Sœurs *à* Marcel poursuivi par les chiens, p. 19.

Application

- Faites l'analyse comparative de l'« ode au bingo » et du chœur de la « maudite vie plate » en vous arrêtant à ces quatre aspects : objet (thème, contenu), temps, espace, modalités de la voix.

- Commentez cette affirmation d'Hubert Aquin en regard de l'usage que Tremblay fait du monologue : *Au théâtre, ne doivent monologuer que les personnages qui hésitent indéfiniment, qui se trouvent aux prises avec la solitude déformante du révolutionnaire ou de l'aliéné. Il n'y a de monologue vrai que dans l'incohérence*[*].

- *Jasez, en attendant, jasez !*, dit Germaine à son troupeau de colleuses (p. 26). On a souvent dit que la pièce de Tremblay était construite sur un modèle musical. Le terme « jasez » renvoie ici clairement à la musique jazz américaine. Dites en quoi la pièce emprunte en effet certains traits (formels et peut-être même thématiques) de cette musique.

---

[*] Hubert Aquin, « Profession : écrivain », *Parti pris*, vol. 1, n° 4, p. 27.

L'analyse dramaturgique

Voici une analyse dramaturgique d'une séquence du deuxième acte. Le commentaire porte sur divers aspects (temps, espace, personnages, thèmes), mais il s'intéresse d'abord au fonctionnement de la parole. Les chapitres précédents visaient à éclairer la construction d'ensemble de l'œuvre. Le regard porte cette fois sur un extrait. C'est le propre de l'analyse dramaturgique, qui s'apparente au travail que font acteurs et metteur en scène avant de monter sur le plateau. Celle-ci procède, avant toute chose, à l'examen de chaque réplique afin de saisir, dans le détail du dialogue, la mécanique et les enjeux de l'action. Cette information est ensuite reprise, traduite, à la faveur d'un travail d'interprétation plus général. Les répliques ont été numérotées.

1. RHÉAUNA BIBEAU — Angéline ! Angéline !

(Projecteur sur Angéline et Rhéauna.)

2. ANGÉLINE SAUVÉ — Rhéauna, y faut me comprendre…

3. RHÉAUNA BIBEAU — Touche-moé pas ! Recule !

4. LES FEMMES — Si j'arais pensé une chose pareille !

5. RHÉAUNA BIBEAU — J'arais jamais pensé ça de toé, Angéline ! Dans un club ! Pis à tous les vendredis soir ! C'est pas possible ! Ça se peut pas !

6. ANGÉLINE SAUVÉ — J'fais rien de mal, Rhéauna ! J'prends rien qu'un coke !

7. LES FEMMES — Dans un club !

8. GERMAINE LAUZON — Dieu sait c'qu'à fait là !

9. ROSE OUIMET — C'est peut-être une courailleuse !

10. ANGÉLINE SAUVÉ — Mais puisque je vous dis que je fais rien de mal !

11. PIERRETTE GUÉRIN — C'est vrai qu'a fait rien de mal !

12. ROSE, GERMAINE, GABRIELLE — Toé, tais-toé, démone !

13. RHÉAUNA BIBEAU — T'es pus mon amie, Angéline. J'te connais pus!

14. ANGÉLINE SAUVÉ — Écoute-moé, Rhéauna, y faut que tu m'écoutes! J'vas toute t'expliquer, pis tu vas comprendre!

15. ROSE, GERMAINE, ROSE — Le club! Un vrai endroit de perdition!

16. TOUTES LES FEMMES *(sauf les jeunes)* — Ah! endroit maudit, endroit maudit! C'est là qu'on perd son âme. Maudite boisson, maudite danse! C'est là que nos maris perdent la tête pis dépensent toutes leurs payes avec des femmes damnées!

17. GERMAINE, ROSE, GABRIELLE — Des femmes damnées comme toé, Pierrette!

18. TOUTES LES FEMMES *(sauf les quatre jeunes)* — Vous avez pas honte, Angéline Sauvé, de fréquenter un endroit pareil?

19. RHÉAUNA BIBEAU — Angéline! le club, mais c'est l'enfer!

20. PIERRETTE GUÉRIN *(en riant très fort)* — Si l'enfer ressemble au club ousque j'travaille, ça m'fait rien pantoute d'aller passer mon éternité là, moé!

21. GERMAINE, ROSE, GABRIELLE — Farme-toé, Pierrette, c'est le diable qui parle par ta bouche!

22. LINDA, GINETTE, LISE — Le diable? voyons donc! Écoutez, faut être de son temps! Les clubs, c'est pas la fin du monde! C'est pas pire qu'ailleurs. Pis c'est ben l'fun! c'est ben l'fun, les clubs!

23. LES AUTRES FEMMES — Ah! Jeunesses aveugles! Jeunesses aveugles! Vous allez vous pardre, pauvres jeunesses, vous allez vous pardre, pis vous allez v'nir brailler dans nos bras, après! Mais y s'ra trop tard! Y s'ra trop tard! Attention! Faites attention à ces endroit maudits! On s'en aperçoit pas toujours quand on tombe, pis quand on se r'lève, y est trop tard!

24. LISE PAQUETTE — Trop tard! Y'est trop tard! Mon Dieu, y'est trop tard!

25. GERMAINE LAUZON — J'espère au moins que vous allez vous en confesser, Angéline Sauvé!

26. ROSE OUIMET — J'vous vois aller communier tous les dimanches matin… Communier avec un pareil péché sur la conscience!

27. GABRIELLE JODOIN — Un péché mortel!

28. GERMAINE, ROSE, GABRIELLE — On nous l'a assez répété : « Mettre le pied dans un club, c'est déjà faire un péché mortel. »

29. ANGÉLINE SAUVÉ — Assez ! Farmez-vous pis écoutez-moé !

30. LES FEMMES — Jamais. Vous avez pas d'excuses !

31. ANGÉLINE SAUVÉ — Rhéauna, écoute-moé, toé ! On est des vieilles amies, on reste ensemble depuis 35 ans ! J't'aime ben mais un moment donné j'ai l'goût d'voir d'autre monde ! Tu sais comment j'sus faite ! J'aime ça avoir du fun ! J'ai été élevée dans les sous-bassements d'églises, pis j'veux connaître d'autre chose ! On peut aller dans les clubs sans faire de mal ! Ça fait quatre ans que j'fais ça, pis j'ai jamais rien faite de pas correct ! Le monde qui travaillent là, sont pas pires que nous autres ! J'ai envie d'connaître du monde ! J'ai jamais ri de ma vie, Rhéauna !

32. RHÉAUNA BIBEAU — Y'a d'autres places que les clubs pour rire ! T'es t'après te pardre, Angéline ! Dis-moé qu'tu y retourneras pus !

33. ANGÉLINE SAUVÉ — 'Coute Rhéauna, j'veux pas ! J'aime ça aller là, comprends-tu, j'aime ça !

34. RHÉAUNA BIBEAU — Y faut qu'tu m'promettes, sans ça, j'te parle pus jamais ! Choisis ! C'est l'club, ou c'est moé ! Si tu savais la peine que tu me fais ! Une amie d'toujours ! Une coureuse de clubs ! Mais que c'est qu'tu dois avoir l'air, Angéline ! Pour que c'est que l'monde doivent te prendre en t'voyant rentrer là ? Pis surtout où Pierrette travaille ! Y a pas plus trou ! Y faut pus qu'tu r'tournes là jamais, Angéline ! M'entends-tu ? Sinon c'est fini entre nous deux ! Tu devrais avoir honte !

35. ANGÉLINE SAUVÉ — Y faut pas m'demander de pus y r'tourner, Rhéauna ! Mais réponds-moé donc !

36. RHÉAUNA BIBEAU — J'te parle pus tant qu'tu promettras pas !
(p. 77-80)

Analyse des répliques

r. 1-3 : La réplique introductive de Rhéauna est pleine de sous-entendus. Avec la force expressive d'une invocation rituelle (*Angéline ! Angéline !*), elle véhicule un discours implicite chargé de toutes les émotions qui se bousculent à cet instant dans l'esprit de Rhéauna et que celle-ci n'arrive pas à démêler. Angéline semble avoir compris ce dont veut parler Rhéauna, preuve qu'elles se connaissent bien, car elle offre aussitôt de lui expliquer son point de vue. Dès lors on perçoit que le but de ce dialogue sera de confronter deux points de vue sur une même réalité. Le fardeau de la preuve appartient à Angéline, accusée de fréquenter le bar où Pierrette travaille. Cette situation la place dans une position d'infériorité, tandis que Rhéauna, campée sur ses positions morales, s'autorise à la repousser violemment *(Touche-moi pas ! Recule !)*. Jusqu'à la fin il s'agira pour Angéline non seulement de lui faire entendre « sa » raison mais de maintenir ce lien physique et verbal avec Rhéauna sans lequel sa cause n'a pas de chance d'être entendue.

r. 4 : Première intervention du chœur qui entraîne un dérèglement de la communication entre Angéline et Rhéauna. La voix des femmes prolonge celle de Rhéauna par le conformisme moral qu'elle exprime.

r. 5-6 : On peut même affirmer que la voix chorale précède celle de Rhéauna. Le chœur lui met littéralement les mots dans la bouche *(J'arais jamais pensé),* comme si Rhéauna ne pouvait parler pour elle-même. La réplique 5 réaffirme l'accusation que Rhéauna adressait à Angéline en l'incitant à voir les choses avec ses yeux à elle. Le caractère hachuré du discours traduit une fois de plus son désordre émotif. Ainsi, même si Rhéauna parle sur le mode impératif, elle n'est par moins ébranlée par ce qu'elle vient d'apprendre. La réponse d'Angéline, tout en cherchant à calmer le jeu, confirme qu'un fossé désormais les sépare, qu'un lien a été rompu.

r. 7-12 : La situation de parole se complique ici, ou plutôt se précise. D'un côté, il y a les belles-sœurs qui appuient, relaient, radicalisent la position discursive de Rhéauna. Celle-ci accusait son amie Angéline ; le groupe va jouer maintenant auprès d'elle le rôle de procureur de la couronne. De l'autre côté, il y a Angéline qui jusque-là se défendait seule, mais Pierrette, l'avocat de la défense, vient maintenant lui prêter main-forte. L'intervention de cette dernière aura cependant pour effet d'isoler davantage Angéline, car le chœur dénie à Pierrette tout droit de parole. L'élargissement de la situation de parole aux autres personnages constitue la principale contrainte à la bonne marche du dialogue entre Rhéauna et Angéline : l'espace qu'elles occupent est envahi de toutes parts.

r. 13-14 : Un premier verdict tombe, assorti d'une sentence : *J'te connais pus !* Rhéauna brise le lien d'amitié qui unissait les deux femmes depuis si longtemps. Angéline essaie, vaille que vaille, de maintenir le lien de parole, mais son interlocutrice n'entend rien à ses arguments. D'ailleurs elle ne lui laisse même pas l'occasion de les faire connaître. Toutes les requêtes d'Angéline visant à entraîner l'autre sur le terrain de la raison restent sans réponse : *J'vas toute t'expliquer, pis tu vas comprendre !*

r. 15-18 : Troisième intervention du chœur. C'est la voix de la *doxa*, de l'idéologie dominante qui parle ici pour condamner en bloc Pierrette et Angéline. On découvre ce que cache cette accusation. Sont en cause autant les femmes que les hommes qu'elles sont accusées de débaucher. Au-delà de l'interdit des bars se dévoilent les tabous entourant la vie conjugale. Celle-ci serait déterminée par un double manque : celui des hommes allant se divertir au club de leur dur travail et d'un mariage raté, et celui des femmes que les maris laissent seules à la maison. Cette micro-séquence se termine sur une question-accusation adressée à Angéline qui replace à nouveau la discussion sur un plan moral.

r. 19 : La réplique de Rhéauna résume le point de vue exprimé par le chœur des femmes. L'énoncé dans sa forme même traduit la clôture de sa pensée, son enfermement dans une vision étroite de la réalité, et l'emprise qu'ont sur elle les préjugés moraux de l'Église. Décidément, Rhéauna est habitée par d'autres voix que la sienne. En a-t-elle seulement une qui lui soit propre ?

r. 20-21 : Pierrette souligne le caractère excessif des propos de Rhéauna. Elle essaie de les tourner en dérision. Sa réplique s'adresse à tout le monde et à personne en particulier ; ce sont comme des « paroles en l'air » qui traduisent bien la position excentrique qu'elle occupe dans l'espace de paroles et qu'elle livre en riant, ce qui ajoute à la provocation. La réaction immédiate des trois sœurs sera de décréter qu'elle est sous l'emprise du diable. Autre exemple de quelqu'un qui ne parlerait pas en son nom propre.

r. 22-24 : Jusqu'ici les jeunes étaient restées silencieuses. Elles viennent maintenant contredire les propos de leurs aînées en disqualifiant les prémisses qui soutiennent la condamnation de Pierrette et, par association, celle d'Angéline. Leur réplique a pour but de rejeter la définition morale des clubs imposée par les aînées. Leur position dans l'espace de paroles est proche de celle de Pierrette et d'Angéline ; infériorisées par leur jeune âge, elles doivent d'abord demander la parole *(Écoutez !)*. À quoi le chœur, affirmant son autorité sur elles, répond par un discours prospectif en forme d'avertissement. Le mode affirmatif, déclaratif même, de cet avertissement semble avoir un effet immédiat sur Lise Paquette. Son état de détresse la rend particulièrement vulnérable à ce genre de discours virulent, au point qu'elle l'applique à sa situation présente.

r. 25-30 : Le procès se poursuit. Le temps est venu, après l'accusation et la condamnation, d'exiger réparation pour le crime commis. Là encore, la voix des femmes précède celle de Rhéauna, qui exigera plus loin qu'Angéline lui promette de ne plus mettre les pieds au club. Les femmes invitent cette dernière à se confesser. Elles parlent d'une seule et même voix, même si certaines le font à titre individuel (G. Jodoin, R. Ouimet). Qui plus est, cette voix collective n'a elle-même qu'une autonomie réduite ; elle sert surtout à véhiculer un discours d'autorité dont les fondements échappent à ces femmes : *On nous l'a assez répété,* disent les trois sœurs de Pierrette. C'est contre cette parole fantôme qu'Angéline doit se défendre. Pas étonnant que ses appels restent sans réponse.

r. 31 : Après avoir rompu le lien de paroles avec le chœur de femmes qui s'interposait entre elle et Rhéauna, Angéline se tourne vers son amie pour tenter une dernière fois de lui faire entendre son point de vue. L'argumentation qu'elle développe repose sur le rapprochement des deux femmes autour d'un pôle commun d'expériences *(on reste ensemble depuis 35 ans)* et sur la sympathie que pourrait susciter le récit de son enfance. Angéline cherche à rejoindre Rhéauna en évoquant par ailleurs le désir insatisfait *(J'aime ça avoir du fun)* à la source de son émancipation. La stratégie vise à faire prendre à l'autre conscience de ses propres désirs inassouvis.

r. 32-36 : La réponse de Rhéauna confirme qu'elle ne veut pas suivre Angéline sur ce terrain-là. Terrain miné par des tabous pesant sur la société tout entière et dont le dévoilement menacerait la survie. Angéline maintient sa position morale en l'accompagnant d'une exigence à la mesure de son refus de comprendre *(Dis-moé qu'tu y retourneras pus !)*. Une menace pèse désormais sur Angéline qui ne peut faire autrement que de réitérer son appel pour une écoute plus ouverte et libre de préjugés. La séquence prend fin par une réplique de Rhéauna qui montre combien la relation sociale repose essentiellement sur un lien de parole. Quand ce lien est coupé, le sujet sombre dans l'indifférence, dans les marges du monde social où sa voix cesse d'être entendue. Plus loin dans la pièce (p. 81), repoussée à nouveau par son amie, Angéline livre tout ce qu'elle a été empêchée de dire durant la séquence étudiée. Ce monologue prélude à sa sortie de scène.

Contexte de la séquence

Cette séquence a lieu au moment où débute le deuxième acte et alors que l'arrivée de Pierrette dans la cuisine a provoqué un déséquilibre des forces. Pour se faire une place, Pierrette pointe du doigt son amie Angéline sur laquelle aussitôt va se diriger toute l'attention. Cette stratégie brise l'unité apparente du groupe, que des forces souterraines minaient déjà progressivement (vol des timbres). Mais la scène exprime un autre désordre. Angéline et Rhéauna avaient fait leur entrée au premier acte et leur bonne entente s'était confirmée par un dialogue fermé à la réalité environnante de la cuisine (p. 63-68). Elles y poursuivaient une conversation entreprise il y a longtemps, qui illustrait la nature fusionnelle de leur rapport. Cette fois, le désaccord éclate sur tous les plans. Non seulement ne semblent-elles plus parler le même langage, mais l'une refuse d'écouter l'autre. Au premier acte, on assistait en fait à un monologue, comme si Angéline et Rhéauna parlaient d'une seule et même voix, chaque énoncé prolongeant le précédent. On voit maintenant comment, dans le deuxième acte, cette logique est inversée — cela est conforme aux effets de contraste entre les deux actes — pour donner à voir un état de crise où derrière chaque énoncé fourmille une pluralité de voix.

Situations de parole

Qui parle, à qui, quand et comment ? Pour établir la situation de paroles de cette séquence il faut pouvoir désigner les interlocuteurs en présence. En gros on peut identifier deux pôles discursifs : les voix collectives et les voix individuelles.

Sur un premier plan, il y a Angéline et Rhéauna qui entreprennent de se parler « en privé ». Du moins est-ce la suggestion faite par la didascalie *(Projecteur sur Angéline et Rhéauna.)*, qui isole les deux interlocutrices dans l'espace de la cuisine. Sur un deuxième plan, il y a les femmes qui, réunies sous différentes enseignes (*les femmes,* les trois sœurs), accusent Angéline et, à travers elle, Pierrette. C'est donc dire qu'Angéline se bat sur deux fronts en même temps. Son ambition de convaincre Rhéauna est obstruée par les interventions répétées des autres femmes. Il convient toutefois de nuancer ce tableau en précisant qu'Angéline n'est pas seule de son côté. Elle est appuyée par Pierrette et par les plus jeunes. Mais cet appui a peu de poids si l'on considère que la parole de celles-ci est frappée d'interdit par les aînées.

Mais qui parle vraiment dans cette séquence ? L'analyse des répliques a permis de montrer que chaque instance énonciatrice en recouvrait une autre ou encore qu'elle était elle-même recouverte par une instance supradiscursive. Ainsi tout ce que dit Rhéauna apparaît amplifié par la voix du chœur ; on observe même que le groupe précède parfois Rhéauna dans ses pensées. La question se pose alors de savoir qui parle en elle. Le dogmatisme de ses propos serait en somme à la mesure de la pensée dominante du groupe. On parle dans ce cas d'une *doxa,* soit de l'opinion générale qui s'exprime par la bouche de chacune comme si l'une et l'autre faisaient partie, quoique parfois à leur corps défendant, d'une chaîne collective de paroles qui dictent ce qu'il faut penser et dire sur tel ou tel sujet. La chaîne à laquelle appartient Rhéauna prend sa source dans un principe obscur qui pourrait bien être celui qui fonde la collectivité : Dieu. Germaine Lauzon ne dit-elle pas : *Dieu sait c'qu'à fait là !* (r. 8). Plus loin il est dit : *On nous l'a assez répété* (r. 28). Qu'est-ce que ce « on », sinon cette voix culpabilisatrice de la morale catholique qui parasite les consciences ? S'oppose à cette voix première la voix du diable, bien entendu, incarnée par Pierrette (*toé, tais-toé, démone !*, r. 12) et que prolongent, à leur manière, celles d'Angéline et des jeunes.

Cette séquence dessine enfin la scène d'un procès. Ce genre de procédé est très fréquent au théâtre au point qu'il est aisé, comme c'est le cas ici, de déterminer les rôles de chacun suivant le modèle des délibérations judiciaires. Angéline y occupe la position de l'accusée, Rhéauna celle de la plaignante ; chaque femme, à titre individuel, joue le rôle de procureur de la couronne, et le chœur celui de juge (et de jury) — l'arbitraire règne sur la micro-société des belles-sœurs ! Quant à Pierrette et aux jeunes filles, elles font le travail de l'avocat de la défense en levant un à un les interdits pesant sur leur parole. De cette structure découle le rapport d'inégalité qui règle le fonctionnement de l'action verbale. Les propos d'Angéline et de ses porte-paroles sont à la mesure de leur position d'infériorité. Angéline doit se battre contre le mépris que lui manifestent les autres et qui se traduit par un refus de l'entendre et ultimement de lui parler. Cette situation l'oblige à quémander son droit de parole.

Espace et temps

La confusion des voix se répercute dans la représentation de l'espace. Selon la première didascalie, les deux interlocutrices principales disposent d'un espace délimité par l'éclairage d'un projecteur. Or, très tôt dans l'action, ce partage de l'espace est remis en cause par l'intervention du chœur. À l'image de la cuisine, l'espace privé où Rhéauna et Angéline engagent le dialogue devient alors un lieu public qu'envahissent des voix étrangères. Rappelons que la cuisine subira, à la suite de cette séquence, plusieurs transformations (les *messes basses* de Pierrette provoquent la fragmentation de l'espace scénique avant son éclatement final). L'arrivée de Pierrette ayant modifié l'équilibre des forces, l'enjeu de l'action devient une affaire d'ordre et de pouvoir. Si une personne de plus s'introduit dans la cuisine, on comprend qu'il faut tôt ou tard en forcer une autre (ou la même) à quitter les lieux. C'est le sort qui attend Angéline au terme de ces délibérations, alors qu'elle remplace momentanément Pierrette dans le rôle de paria.

L'espace de la cuisine se définit en outre par contraste avec un autre lieu : le « club ». Mais ce n'est pas tant ce contraste qui frappe l'imagination que celui qui résulte de l'assimilation de la cuisine à un lieu de culte, placé sous le signe du divin (voir « Métaphores structurantes », p. 55), et de l'assimilation du bar à l'enfer que présiderait la maléfique Pierrette. Ainsi se caractérisent les deux formations discursives et symboliques de cette séquence et, dans une large mesure, de la pièce tout entière.

Quant à l'horizon temporel de ces femmes, il semble bouché de partout. Le passé dont parle Angéline dans son récit (r. 31) n'est guère réjouissant. L'avenir ne l'est pas davantage si l'on en croit l'avertissement donné aux jeunes (r. 23). Ce que traduisent les quelques références au temps, c'est donc une conception circulaire de la temporalité où le passé décide de l'avenir. L'ambition d'Angéline serait de briser justement ce cercle temporel qui l'emprisonne, elle et ses semblables. Encore faudrait-il qu'elle puisse le faire comprendre aux autres. Cet horizon fermé n'est nulle part mieux exprimé que dans l'exigence d'une promesse adressée à Angéline par Rhéauna. Promettre équivaudrait, pour Angéline, à sceller son avenir pour de bon et la condamnerait à revenir dans le passé où toute forme de plaisir lui était interdite. Résister à promettre, c'est, au contraire, entreprendre de s'inventer un avenir, de briser les liens du temps.

Thématiques

Il n'est pas difficile d'établir le thème central de cette séquence. Chacune sait de quoi il est question depuis le début, seulement il y a désaccord sur la manière d'y faire face et d'en parler. Les « clubs » ne signifient pas pour Pierrette, Angéline et les jeunes la même chose que pour Rhéauna et les autres. Chacune essaiera donc d'amener l'autre sur son terrain, de lui faire voir le problème sous l'angle qu'elle aura privilégié. Pour Rhéauna, on a compris que c'est celui de la morale qui détermine à l'avance que les bars sont des lieux de débauche. Quant à Angéline, elle souhaiterait donner à la discussion un tour plus personnel, plus intime, et faire voir à l'autre le plaisir qu'elle ressent, en toute innocence, à jouir d'une certaine liberté (*J'prends rien qu'un coke!* [r. 6]). Ces changements d'éclairage sont la source même du conflit ; ils constituent l'axe principal autour duquel se construit l'action.

Ce conflit révèle plusieurs clivages. Idéologique d'abord : entre Rhéauna et Angéline il y a manifestement un écart dans le rapport que chacune entretient avec le code moral de l'Église, la dernière ayant pris certaines « dispositions intérieures » qui la libèrent de ses rigueurs excessives. Rien n'indique toutefois qu'elle parvienne à y opposer une idéologie de rechange. Angéline n'arrive pas à exposer sa vision des « clubs » aux autres, en partie parce qu'elle ne sait pas bien la définir. Que revendique-t-elle au juste ? À l'entendre, on croirait qu'elle ne le sait pas ou qu'elle ne trouve pas les mots justes pour expliquer une expérience nouvelle, même si cela réveille en elle des sentiments violents. Problème de langage encore une fois, que n'arrange certes pas l'idiome « incertain » qu'est le joual. Clivage générationnel également : en appui au plaidoyer d'Angéline viennent témoigner les plus jeunes, qui confirment qu'un nouveau monde se dessine hors de la cuisine de Germaine. *Faut être de son temps,* disent-elles en chœur, *c'est ben l'fun, les clubs* (r. 22). Si Rhéauna avait tendance à exagérer la portée du geste de son amie, voilà maintenant l'expression de sa banalisation, qui n'est pas moins que l'accusation injuste de la première, le signe d'une vision tronquée de la réalité.

Fonctionnement et enjeu de la parole

L'enjeu, pour Angéline, consiste à faire entendre raison à Rhéauna. Elle a des chances d'y parvenir si elle arrive à l'amener sur son terrain idéologique. Mais ce ne saurait être suffisant. Une barrière encore plus grande se pose en travers de son chemin : son message ne sera transmis que si elle réussit à mettre fin au parasitage verbal des autres femmes, qui interviennent au milieu de l'échange pour brouiller la communication. Ce parasitage a lieu à plusieurs niveaux. D'abord, il y a celui des voix ellemêmes, dont on sait qu'elles sont sous l'emprise de forces extérieures (Rhéauna). Comment se comprendre mutuellement si nos paroles ne nous appartiennent pas ? Un autre symptôme du parasitage — on pourrait également parler d'aliénation — se manifeste dans l'intervention incessante de la voix chorale qui interrompt le dialogue entre Rhéauna et Angéline. La communication, pour tout dire, ne fonctionne pas entre elles. Ainsi doivent-elles constamment résouder un lien brisé. C'est ce que traduisent les nombreuses allusions faites, de part et d'autre, à la situation de communication elle-même : *y faut me comprendre* (r. 2) ; *toé, tais-toé, démone* (r. 12) ; *Écoute-moé, Rhéauna* (r. 14) ; *Écoutez* (r. 22) ; *Farmez-vous pis écoutez-moé* (r. 29) ; *Rhéauna, écoute-moé, toé* (r. 31) ; *'Coute Rhéauna* (r. 33) ; *j'te parle pus jamais* (r. 34) ; *M'entends-tu ?* (r. 34) ; *Mais réponds-moé donc* (r. 35).

On peut classer ces énoncés en deux catégories : la première contient les demandes d'écoute, la seconde les dénis de parole. Toutes deux affirment la nécessité du lien de parole comme fondement de la relation sociale. Rien d'étonnant donc à ce que l'exigence formulée par Rhéauna à Angéline soit, à la fin de cette séquence, de nature linguistique. La promesse est un acte de langage tourné vers l'avenir et qui engage le locuteur à adopter une certaine conduite. Celle-ci peut être dictée par sa volonté, mais la promesse répond d'abord à un impératif extérieur auquel le sujet ne peut se soustraire en raison de sa position d'infériorité. Pour Rhéauna, promettre postule que son amie accepte ses conditions. Le refus de promettre signifie qu'Angéline ne veut plus souscrire aux principes qui fondaient leur relation jusque-là. La fin de cette séquence renvoie à la situation générale de la pièce. Celle-ci fait état d'une double crise : crise sociale, à travers laquelle les relations traditionnelles sont mises sous tension ; crise du langage, qui fait que certaines n'usent plus des mêmes mots pour définir la réalité. Si Angéline ne donne pas sa parole, n'est-ce pas parce qu'elle ne parle plus le même langage que Rhéauna ?

- La structure de la pièce est fort simple. Deux actes d'inégale longueur construisent une intrigue élémentaire centrée sur deux actions contraires. La première entraîne l'arrivée dans la cuisine des voisines de Germaine venues l'aider à coller ses timbres. La deuxième aboutit à l'expulsion des voisines hors de l'espace dramatique. Derrière ce schéma général, d'apparence classique, se cache un réseau complexe d'événements, petits et grands, qui s'emboîtent les uns dans les autres pour former un nœud très dense qui ne saurait se défaire que par éclatement.

- Le conflit principal qui oppose les personnages de cette pièce se résume par l'énoncé de la fable : Germaine, gagnante d'un concours, obtient un million de timbres qu'elle pourra échanger contre du mobilier neuf, à condition qu'elle parvienne à les coller dans des livrets. Elle demande l'aide de ses voisines, qui lui font payer chèrement sa prétention de vouloir ainsi s'élever au-dessus du groupe. Pendant la pièce, chaque femme fera une tentative pour rompre avec la collectivité, mais elle sera vite rappelée à l'ordre.

- La sexualité et la consommation sont deux thèmes majeurs de cette pièce qui permettent de faire à la fois une lecture psychologique des personnages et une lecture plus sociologique de l'action. Sexualité et désir de consommer définissent les belles-sœurs comme des êtres déterminés par une carence, un défaut, un manque. Tremblay articule ces thèmes de telle manière qu'ils illustrent le vide essentiel du monde qu'elles habitent et que la religion n'arrive plus tout à fait à combler.

- La simplicité de l'intrigue a l'avantage de laisser le champ ouvert à une écriture foisonnante sur le plan des procédés dramatiques. Tremblay use d'à peu près tous les instruments que met à sa disposition l'histoire du théâtre. On observe ainsi que les dialogues alternent dans la pièce avec les monologues et les chœurs de manière à venir appuyer formellement les conflits latents ou apparents entre les personnages.

• L'aliénation des personnages ne se mesure pas à partir du seul étalon de la langue. Outre le joual, c'est toute l'énonciation qui est en cause et qui montre bien que les belles-sœurs ne sont pas maîtresses d'elles-mêmes. Derrière chaque réplique, le lecteur doit se demander « qui parle ? » tant ces litanies de phrases creuses, de clichés et de banalités dessinent un monde où l'individualité est réprimée. Dans cette pièce, l'incommunicabilité règne de deux façons : soit parce que les femmes disent la même chose en même temps, soit parce que les mots qu'elles emploient dressent entre elles des cloisons infranchissables.

SYNTHÈSE

Premier sujet

La France (et plus largement l'Europe) occupe une place particulière dans l'imaginaire des belles-sœurs. Montrez comment cette référence participe d'un discours culturel ambigu qui, à partir des années soixante, cherche à définir l'identité québécoise.

Plan du premier sujet

Introduction

a) La France comme référence et modèle culturels.

b) *Les Belles-Sœurs* et le discours identitaire québécois.

c) Ambiguïté de cette référence : pour et contre la France.

Développement

1. La France comme référence linguistique et littéraire.

a) La question du joual au Québec.

b) Lisette de Courval : comment parler ?

c) La langue dramatique de Tremblay : deux langues.

2. La France comme référence culturelle et sexuelle.

a) La France (l'Europe) et le Québec : le propre et le sale.

b) Le réalisme français au cinéma.

c) La femme au cinéma et dans la vie.

d) Les hommes dans le cinéma français comparés aux hommes québécois : confusion fiction-réalité.

Conclusion

a) Le Même et l'Autre : amour et haine de la France.

b) Le Québec, miroir inversé de la France.

c) *Les Belles-Sœurs* dans le mouvement d'émancipation nationale.

Deuxième sujet

Faites l'analyse du monologue du « maudit cul » (p. 101-102) de Rose Ouimet à la fin du deuxième acte. Y voyez-vous des ressemblances formelles et thématiques avec le « monologue de reconnaissance » qui clôt la tragédie ? Pour une définition de cette notion, voir les ouvrages de Corvin (*Dictionnaire encyclopédique du théâtre*, p. 698) et de Pavis (*Dictionnaire du théâtre*, p. 327).

2

Premier sujet

« En dépit du fait que la pièce adopte certains traits du théâtre naturaliste, il est juste d'affirmer qu'avec *Les Belles-Sœurs* Tremblay déborde le cadre strict du réalisme psychologique. » Commentez cette affirmation.

Plan du premier sujet

Traitez, dans l'ordre, ces aspects reliés à la question du réalisme psychologique.

a) Qu'est-ce que le réalisme psychologique ?

b) Les modèles européens et américains.

c) Les prédécesseurs de Tremblay : Gratien Gélinas, Marcel Dubé.

d) Le réalisme des *Belles-Sœurs* : la figure de l'hyperbole.

e) Le personnage : les belles-sœurs ont-elles une intériorité ?

f) Procédés anti-psychologiques : chœurs, monologues, bavardage, ironie, structure musicale, mise en abyme, etc.

g) Comment jouer *Les Belles-Sœurs* ?

Deuxième sujet

Commentez et discutez la citation suivante : *[L']œuvre de Michel Tremblay est exemplaire du passage de la culture traditionnelle à une socialité postmoderne**.

---

* Gilbert David et Pierre Lavoie (dir.), *Le Monde de Michel Tremblay,* p. 16.

Exercices

- Choisissez un extrait de la pièce (environ vingt minutes à la lecture) et faites comme si vous aviez à le mettre en scène. Pensez à proposer l'espace de jeu, les accessoires et les costumes, de même qu'à définir une certaine vision des personnages et la relation qui s'instaurera entre eux et avec le public. Pour le choix de l'extrait, voir le découpage de la pièce proposé dans cet ouvrage (p. 45).

- Dessinez la maquette d'une scénographie des *Belles-Sœurs* selon la conception que vous avez de la pièce après réflexions et discussions en classe. En accompagnement de votre maquette, joignez un texte de trois pages environ qui explique votre démarche.

- Choisissez un des nombreux monologues de la pièce et offrez-en une interprétation à vos camarades. Avant de vous exécuter, fournissez à votre public quelques éléments de contexte ainsi que les grandes lignes de votre interprétation.

Propos de l'auteur

Q : Vous disiez alors [à la création de la pièce] que si cette pièce était encore pertinente dans dix ans, vous auriez le sentiment d'un échec.

R : [...] À vingt-six ans, lorsque pour la première fois ta pièce est créée sur une scène officielle, dix ans, c'est la fin du monde. Mais dans l'évolution d'un peuple, dix ans, ça n'est rien du tout. Dans un sens, il est normal que *Les Belles-Sœurs* soient encore pertinentes, même s'il y a des aspects qui ont vieilli, tout comme il est normal que j'aie dit : « J'espère que ça va être dépassé le plus vite possible. » J'ai écrit *Les Belles-Sœurs* parce que les autres avant moi n'avaient pas écrit cette pièce. J'avais un besoin profond de le faire, j'étais passionné en l'écrivant, mais j'avais nettement l'impression que j'y étais obligé parce que d'autres avant moi ne l'avaient pas fait.

Entretien avec Pierre Lavoie : « Par la porte d'en avant »,
Cahiers de théâtre Jeu, n° 47, 1988, p. 58.

Je verrais ma première tragédie grecque [...] au Théâtre du Nouveau Monde : *Les Choéphores* d'Eschyle, justement la suite de l'*Agamemnon* que je venais de lire, dans une magnifique mise en scène de Jean-Pierre Ronfard, avec Dyne Mousso, Albert Millaire, Charlotte Boisjoli et Nicole Fillion, un spectacle qui fut malheureusement mal compris et qui passa à peu près inaperçu. Mais là, à la dernière représentation — onze spectateurs dans une salle de mille places — je me dirais : « C'est ça, c'est ça, le théâtre, c'est ça que je voudrais faire ! » et je me souviendrais de ma lecture d'*Agamemnon* et de la représentation des *Choéphores* quand viendrait le temps, en 1965, d'écrire ma première pièce en joual.

Un ange cornu avec des ailes de tôle, Leméac/Acte Sud, 1994, p. 177.

Pour moi, une pièce de théâtre, c'est une suite de scènes dans lesquelles il n'y a rien qui se passe, mais dans lesquelles on parle de choses qui se sont passées ou qui vont arriver.

Entretien avec Roch Turbide, « Michel Tremblay : du texte à la représentation », *Voix et images,* vol. 7, nº 2, hiver 1982, p. 214.

Nous somme le produit des autres, des francophones noyés dans un bassin d'anglophones. Nos racines sont de l'autre côté de la mer. Nous nous sommes laissé embobiner pendant tellement longtemps que nous avons oublié notre propre existence. Je ne peux pas ne pas juger sévèrement ceux qui nous ont chié sur la tête pendant 200 ans… Ce colonialisme, ce n'est pas parce que nous l'avons dénoncé qu'il est disparu… La situation n'a pas beaucoup changé dans la tête de ceux qui nous colonisaient. Heureusement, c'est dans notre tête à nous que ça a changé, mais pas dans la leur.

Entretien avec Pierre Lavoie : « Par la porte d'en avant », *Cahiers de théâtre Jeu,* nº 47, 1988, p. 71.

Critiques et commentaires à propos des *Belles-Sœurs*

Le jour où Michel Tremblay acceptera de jouer franchement le jeu de l'écrivain dramatique, en d'autres termes qu'il consentira à accorder les ressources de son intuition, de sa sensibilité et de son intelligence et les exigences de l'écriture dramatique véritable, nous aurons probablement de lui une œuvre forte, généreuse, et aisément audible. À moins, bien entendu, qu'il veuille se complaire dans la vulgarité appuyée et continuer d'emprunter des avenues qui ne mènent nulle part.

Martial Dassylva, *La Presse,* 29 août 1968.

La pièce est en joual comme *Andromaque* est en alexandrins parce qu'il faut une langue à une œuvre et une forte langue à une œuvre forte. Celle de Michel Tremblay garderait ses significations et sa vérité humaine en berlinois à Berlin, en milanais à Milan et en cockney à Londres — privilège d'un théâtre qui est en même temps d'une date et d'un lieu, d'aujourd'hui et de partout.

Jacques Cellard, *Le Monde,* 25 novembre 1973.

Michel [Tremblay] est le premier écrivain québécois à construire ses textes comme une symphonie : ses phrases sont comme des partitions… Tremblay est un des meilleurs architectes verbaux de la langue française. […] Aujourd'hui, après l'acceptation de nos mots, nous arrivons à celle de nos corps, de notre peau, avec Edouard Lock et tout le mouvement de la danse contemporaine… Autre chose viendra par la suite. La fusion des corps et des mots, par exemple. Nous aurions alors notre Shakespeare québécois.

Gérald Godin, propos recueillis par Jocelyne Lepage,
La Presse, 27 août 1988.

Avant *Les Belles-Sœurs*… j'imitais les boulevards français et j'allais même à Paris pour être certain d'avoir le bon accent. J'étais un zombie. Après *Les Belles-Sœurs* je ne voulais plus jouer qu'en québécois et que du Tremblay-Brassard. C'est avec *Damnée Manon, sacrée Sandra* (1977) […] que j'ai, pour la première fois, fouillé en moi. J'ai découvert alors ce qu'était un acteur. Et j'ai juré de ne plus jamais jouer du français.

André Montmorency, dans La Presse, 27 août 1988.

Entendre les personnages des *Belles-Sœurs* parler yiddish ou écossais — même si on ne comprend pas parfaitement ces langues —, c'est saisir d'une manière tout à fait inattendue la portée des langues « particulières » : c'est les comprendre dans leur réalité socio-historique et dans la sensualité de leurs tonalités.

Sherry Simon, « Tremblay polyglotte », Spirale,
décembre 1992/janvier 1993, p. 3.

Oralité et langue populaire au théâtre

L'introduction de la langue populaire chez Molière n'est pas étrangère au fait que *Dom Juan* (1665) est une comédie baroque qui échappe aux règles de bienséance du classicisme.

> PIERROT — Aga, quien, Charlotte, je m'en vas te conter tout fin drait comme cela est venu ; car, comme dit l'autre, je les ai le premier avisés, avisés le premier je les ai. Enfin donc j'étions sur le bord de la mar, moi et le gros Lucas, et ne nous amusions à batifoler avec des mottes de tarre que je nous jestions à la tête ; car comme tu sais bian, le gros Lucas aime à batifoler, et moi, par fouas, je batifole itou.

> Molière, *Dom Juan ou le Festin de Pierre*, Paris, Seuil, coll. « Intégrale », 1962, Acte II, scène I, p. 290.

Pour Gratien Gélinas, la langue populaire est surtout une question de lexique. La phrase reste grammaticalement correcte, sauf pour l'escamotage des doubles négations, ce qui n'est pas une entorse bien grave à la langue dans le contexte d'une comédie.

> LE CONSCRIT — Un homme a beau être heureux, y a toujours une crotte qui retrousse, si tu grattes jusqu'au fond… Y a un gars, m'am'zelle : j'ai chambré avec, avant la guerre. On a à peu près le même âge, tous les deux. Un gars qui avait l'air en parfaite santé, comme moi. Seulement, paraît qu'il avait quelque chose qui allait pas… Je sais pas si c'était dans la cave, ou ben dans le grenier, ou ben dans la mezzanine… en tout cas, il avait une petite cochonnerie de travers. Ça fait qu'il a eu sa « discharge ». Il reste à Montréal, en plein chez eux, il risque rien, il fait dix piastres par

jour dans les munitions : par-dessus le marché, il va peut-être esssayer de me voler ma blonde… pendant que moi, classé A numéro un, je m'en vas au diable vert risquer de me faire péter la fiole à un piastre et trente par jour. Whoopee ! *(Il boit une rasade.)*

Gratien Gélinas, « Le départ du conscrit »,
Les Fridolinades 1945 et 1946, Montréal, Quinze, 1980, p. 58.

Plus proche de celle de Tremblay, l'écriture de Daniel Lemahieu, auteur dramatique français, donne lieu à des jeux de sonorités qui accentuent la dimension théâtrale de l'énoncé.

MARIE-LOU — À la va-vite. Ça s'est fait vite comme ça. J'en revenais même pas. Astheur j'en suis revenue parce qu'avant avec l'Albert. Bébert. Le bel Albert. Le monte-en-l'air. C'était plutôt par terre qui y montait après l'Albert noyé dans ses chopes. Alors je peu dire, Ça s'est passé comme ça. On s'a marié à Estaimpuis en Belgique toujours. Tout l'argent qu'a été dépensé alors ça s'est divisé par deux. On n'est pas parti en voyage de noces. On a été aller coucher chez la famille en France. C'est comme ça qu'après on a resté à Roubaix. Oui. Depuis que je suis été marié ça m'avait coupée. Oui. Plus jamais. D'ailleurs y était mort Bébert la chopine. Jamais personne m'avait revue. Ah non plus plus plus du tout envie de rien du tout de ça…

Daniel Lemahieu, *Usinage. Amours de familles*,
Paris, Théâtre Ouvert/Enjeux, 1984, p. 29.

Le sacre est la caractéristique dominante de l'écriture d'Yvan Bienvenue, jeune auteur dramatique québécois et lauréat du prix du Gouverneur général 1997. Remarquez toutefois qu'il n'a pas toujours la même fonction dans la phrase.

FRANÇOIS — A m'crissait là. A y avait pensé à son coup. C'tait tout arrangé. J'ai pas de char, ostie ! A m'appelle d'la clinique… A m'dit qu'cé mieux d'même… A m'a dit qu'j'pas assez mature pour avoir de kid, qu'c't'a son tour dans pas long. Comme d'une shop stie. Yé z'écartillent une après l'autre pis yé vident ! Là moé j'ai l'air épas en ciboire ! Ma pizz' arrive… J'y raccroche la ligne au nez… J'ramasse mon 12… J'vas répondre… j'saute su'l livreur, j'l'assomme dins coin pis j'y pique son char. Là j'ai roulé… La crisse de clinique 'tait à l'aut' bout d'la ville. Quand j't'arrivé c'tait trop tard. A était vide. J'ai splashé 'a tête du docteur.

Yvan Bienvenue, « In vitro », *Histoires à mourir d'amour*,
Montréal, Les Herbes rouges, 1994, p. 79.

Décoloniser la langue française

Le joual, c'est une arme politique, une arme linguistique que le peuple comprend d'autant plus qu'il l'utilise tous les jours. […] C'est un devoir que d'écrire en joual tant qu'il restera un Québécois pour s'exprimer ainsi.

Michel Tremblay,
dans *La Presse*, 16 juin 1973.

La boue. Oui, la boue, qui est aussi *limon d'origine,* matière de la création : nos corps et nos consciences, qu'il faut frapper à l'effigie du matin. Mal écrire, c'est descendre aux enfers de notre mal de vivre, en tirer l'Eurydice de notre humanité québécoise ; c'est d'abord pousser à la limite la déraison, l'incohérence fondamentale, pour qu'elle éclate sur le surgissement d'une parole, d'une *raison,* d'une vie qui soient produites à notre image. Nous sommes, tout à la fois, Orphée et la brute. Nous devons d'abord nous convertir à l'horizon de boue qui circonscrit notre seule vie afin de tirer de cette boue l'homme qu'il nous tarde d'être, un visage ressemblant, imprégnable aux radiations de l'univers, des autres.

Paul Chamberland, « Dire ce que je suis »,
Parti pris, vol. 3, n° 5, 1965, p. 37.

[J]e nous découraige de vouloir faire passer toute la langue québécoyse par la norme de la Métropole comme par une sorte d'entonnoir pour la vider de sa vraie verve […]. Et la Langue Québécoyse n'est doncques pas réductible à ce que par dérision j'ai baptisé le « Québecway » et que l'on appelle plus ordinairement « joual » ou parlure joual. Laquelle parlure on confond souvent bel et bien, vu la grande incertitude actuelle des esprits, tantôt avec la langue québecoyse dans sa totalité, tantôt avecques les jurons ou blasphèmes qui la ponctuent tantôt avecques l'accent, tantôt uniquement avec nos anglicismes…

Michèle Lalonde, « La Deffense et Illustration de la langue Québecquoyse », dans Daniel Latouche et Diane Poliquin-Bourassa, *Le Manuel de la parole. Manifestes québécois*, Montréal, Boréal, 1979, t. 3, p. 214.

Si j'attaque le joual (en tant que volonté radicale de constituer une nouvelle langue, non en tant que parler français), c'est que je considère le joual comme une anémie pernicieuse : ce n'est pas seulement notre langue qui s'en trouve frappée, mais la pensée dans la mesure où la pensée ne peut accéder à l'existence que par la médiation d'un formulation verbale ou écrite. Quand la formulation devient défectueuse, la pensée se trouve disloquée, larvaire, impuissante.

Hubert Aquin, « Le joual-refuge », *Blocs erratiques*, Montréal, Quinze, 1977 [1974], p. 138.

5 BIBLIOGRAPHIE

Éditions des *Belles-Sœurs*

Théâtre vivant, Montréal, Holt, Rinehart et Winston, 1968, 70 p. Préface de Jean-Claude Germain : « J'ai eu le coup de foudre », p. 3-5.

Les Belles-Sœurs, Montréal, Leméac, coll. « Théâtre canadien », 1972, 156 p. Introduction d'Alain Pontaut : « *Les Belles-Sœurs* de Michel Tremblay cinq ans après », p. I-VII.

Théâtre I, Montréal/Arles, Leméac/Actes Sud, 1991, p. 7-76. Préface de Pierre Filion.

Ouvrages cités

Hubert Aquin, « Profession : écrivain », *Parti pris,* vol. 1, n° 4, janvier 1964.

Jean-Marc Barrette, *L'Univers de Michel Tremblay. Dictionnaire des personnages,* Montréal, PUM, 1996.

André Brassard, « De la mise en scène à une mise en scène : entretien avec Lorraine Hébert », *En scène. Les Cahiers de la NCT,* n° 18, mars 1984.

Micheline Cambron, *Une société, un récit. Discours culturel au Québec (1967-1976),* Montréal, L'Hexagone, 1989.

Paul Chamberland, « Dire ce que je suis », *Parti pris,* vol. 3, n° 5, 1965, p. 33-37.

Michel Corvin, *Dictionnaire encyclopédique du théâtre,* Paris, Bordas, 1991 (article « Drame »).

Gilbert David et Pierre Lavoie (dir.), *Le Monde de Michel Tremblay. Des Belles-Sœurs à Marcel poursuivi par les chiens,* Montréal/Bruxelles, Cahiers de théâtre *Jeu*/Lansman, 1993, 479 p.

Fernand Dumont, *Le Sort de la culture*, Montréal, L'Hexagone, 1987.

Lise Gauvin, « Le théâtre de la langue », dans Gilbert David et Pierre Lavoie (dir.), *Le Monde de Michel Tremblay. Des* Belles-Sœurs *à* Marcel poursuivi par les chiens, Montréal/Bruxelles, Cahiers de théâtre *Jeu*/Lansman, 1993, p. 335-357.

Jean-Claude Germain, « J'ai eu le coup de foudre », *Théâtre vivant,* n° 6, 1968, Holt, Rinehart et Winston, (texte reproduit également en annexe de l'édition Leméac).

Jean-Claude Germain, « Le premier chef d'œuvre du bel canto québécois », Les Belles-Sœurs : *programme,* Ottawa, Centre national des Arts, 1984, p. 5 (mise en scène d'André Brassard).

Jean-Cléo Godin, « *Les Belles-Sœurs :* critique de spectacle », Montréal, *Cahiers de théâtre Jeu,* n° 30, 1984.

Pierre Lavoie : « Par la porte d'en avant », *Cahiers de théâtre Jeu,* n° 47, 1988, p. 58.

Laurent Mailhot, « *Les Belles-Sœurs* ou l'enfer des femmes », dans Jean-Cléo Godin et Laurent Mailhot, *Théâtre québécois,* tome 1, Montréal, Bibliothèque québécoise, 1988, p. 307-327.

Laurent Mailhot, « Le monologue québécois », *Canadian Literature,* n° 53, Autumn, 1973, p. 26-38.

Patrice Pavis, *Dictionnaire du théâtre,* Paris, Messidor/Éditions sociales, 1987.

Michel Tremblay, *Un ange cornu avec des ailes de tôle,* Montréal/Arles, Léméac/Actes Sud, 1994.

Références utiles

André Beaudet, *Les Belles-Sœurs de Michel Tremblay : dossier pédagogique,* Ottawa, Centre national des arts, février-mars 1984, 65 p.

Michel Bélair, *Le Nouveau Théâtre populaire,* Montréal, Leméac, 1973. (Lire « Michel Tremblay et le courant populaire », p. 109.)

Gilbert David, *Un théâtre à vif. Écritures dramatiques et pratiques scéniques (1930-1990)*, Thèse sous la direction de J.-C. Godin, Université de Montréal, Département d'études françaises, février 1995, 451 p.

Fernand Dumont, *Le Lieu de l'homme. La culture comme distance et mémoire*, Montréal, Hurtubise HMH, 1971, 240 p.

Lise Gauvin, *Parti pris littéraire*, Montréal, PUM, 1988. (Voir surtout « L'épopée du joual », p. 55-74.)

Jean-Cléo Godin et Laurent Mailhot, *Théâtre québécois*, 2 tomes, Montréal, Bibliothèque québécoise, 1988. (Chaque tome contient un article sur Tremblay.)

Madeleine Greffard, « Le triomphe de la tribu », dans Gilbert David et Pierre Lavoie (dir.), *Le Monde de Michel Tremblay. Des Belles-Sœurs à Marcel poursuivi par les chiens*, Montréal/Bruxelles, Cahiers de théâtre *Jeu*/Lansman, 1993, p. 27-43.

Jean-Pierre Ryngaert, « Du réalisme à la théâtralité : la dramaturgie de Michel Tremblay dans *Les Belles-Sœurs* et *À toi, pour toujours, ta Marie-Lou* », *Livres et auteurs québécois*, Éditions Jumonville, 1972, p. 97-108.

Roch Turbide, entretien avec Michel Tremblay, « Michel Tremblay : du texte à la représentation », *Voix et images*, vol. 7, n° 2, hiver 1982, p. 213-224. (Dossier consacré à Tremblay qui comprend, en outre, une « Bibliographie commentée », établie par Pierre Lavoie.)

Michel Vinaver, *Écritures dramatiques. Essais d'analyse de textes de théâtre*, Arles, Actes Sud, 1993 (analyse dramaturgique des *Belles-Sœurs* par F. Comte-Moreau, p. 715-760).

Table des matières

Deuxième partie. Étude de l'œuvre

Troisième partie. Synthèse

MISE EN PAGES ET TYPOGRAPHIE :
LES ÉDITIONS DU BORÉAL

ACHEVÉ D'IMPRIMER EN FÉVRIER 1998
SUR LES PRESSES DE L'IMPRIMERIE AGMV MARQUIS,
À CAP-SAINT-IGNACE (QUÉBEC).